DINHO & suas FINANÇAS

David F. Hastings

Dinho & suas Finanças

FGV EDITORA

Copyright © 2015 David F. Hastings

Direitos desta edição reservados à Editora FGV
Rua Jornalista Orlando Dantas, 9
22231-010 | Rio de Janeiro, RJ | Brasil
Tels.: 21-3799-4427
editora@fgv.br | pedidoseditora@fgv.br
www.fgv.br/editora

Impresso no Brasil | *Printed in Brazil*

Todos os direitos reservados. A reprodução não autorizada desta publicação, no todo ou em parte, constitui violação do copyright (Lei nº 9.610/98).

Os conceitos emitidos neste livro são de inteira responsabilidade do(s) autor(es).

1ª edição – 2015; 1ª reimpressão – 2021; 2ª reimpressão – 2023.

Preparação de originais:
Ronald Polito

Revisão:
Aleidis de Beltran e Fatima Caroni

Capa, projeto gráfico de miolo e diagramação:
Ilustrarte Design e Produção Editorial

Imagem de capa:
Kreativkolors / Freepik

Ficha catalográfica elaborada pela
Biblioteca Mario Henrique Simonsen/FGV

Hastings, David Felipe

    Dinho e suas finanças / David Felipe Hastings. — Rio de Janeiro: Editora FGV, 2015.
    112 p.

    Inclui bibliografia.
    ISBN: 978-85-225-1800-5

    1. Finanças pessoais — Literatura infantojuvenil. I. Fundação Getulio Vargas. II. Título.

CDD — 332.024

Sumário

1. Um presente — 7
2. O primeiro mês — 17
3. O segundo mês — 29
4. Mais um mês — 39
5. Poupança — 49
6. Correio — 63
7. Férias — 71
8. Segundo semestre — 85

Um presente

NA SUA FESTA de 12 anos, junto de toda a família e de vários amigos, Dinho recebeu um monte de presentes — um par de tênis (da hora!), um joguinho eletrônico, um carrinho de controle remoto e coisa e tal. Mas um dos presentes (se é que era, realmente, um presente) lhe pareceu estranho: era um envelope amarelo, com seu nome escrito com letras recortadas de revistas e coladas (meio tortas, algumas), e mais nada.

Abriu a aba do envelope (que não estava colada) e dentro encontrou — nada! O envelope estava vazio. Em seguida reparou que, na parte interna da aba, havia uma frase misteriosa: "Entre você e meu irmão, tem horas penduradas na parede e que cantam".

— Como assim? — pensou Dinho. — Se não sei quem mandou o envelope, como vou saber quem é seu irmão? E que história é essa de "horas penduradas na parede e que cantam"?

Deixou o envelope misterioso de lado, dando atenção a seus amigos que, reunidos na sala de jantar, estavam impacientes para cantar o "Parabéns" e, principalmente, comer o bolo.

Justo na hora em que estava tomando fôlego para apagar as velinhas, ouviu "Cuco — Cuco...". Ele até se assustou um pouco, mas logo se lembrou do relógio pendurado na parede da sala que, para assinalar cada hora, cantava "Cuco — Cuco...".

— Ei, espera aí. O relógio, que representa o passar das horas, está pendurado na parede, e canta! E vai ver que "meu irmão" significa, simplesmente, outro envelope, "irmão" do primeiro.

De fato, um rápido olhar confirmou: via-se o canto de alguma coisa amarela enfiada entre o relógio e a parede.

Depois das velas, da cantoria e da comilança, Dinho foi discretamente até o relógio e constatou — parecia haver um envelope amarelo atrás do relógio.

Assim que retirou o envelope, sentiu que tinha alguma coisa dentro; abrindo o envelope, encontrou um retângulo de cartolina branca, medindo uns cinco por 20 centímetros, com outra frase misteriosa escrita, meio na diagonal: "Em cima de algo que se parece comigo, mas que é bem maior...".

Mas, nisso, a mãe do Dinho chamou: "Filho, você pega mais refrigerantes? Estão na geladeira".

E lá foi o Dinho. Chegando à cozinha, deu de cara com a geladeira que, como a maioria das geladeiras, era retangular e branca.

— Será quê?...

E, de fato, em cima da geladeira, encontrou outro envelope. Dentro, uma tira de papel, com mais uma frase misteriosa: "Toda vez que você entra em casa, pisa em quem me cobre".

Depois de pensar por uns dois segundos, Dinho já ia correndo para a porta da frente da casa, mas, lembrando-se do pedido da mãe, voltou para pegar umas garrafas de refrigerantes.

Em seguida, foi até a porta da frente, levantou o capacho e — dito e feito — encontrou mais um envelope. Dele retirou uma tira de papel azul, com outra mensagem: "Seus sonhos acontecem pouco acima de onde estou".

Dinho já estava se acostumando com o estilo das mensagens — quase não pensou nada e foi correndo para seu quarto. Como imaginava, embaixo do travesseiro, encontrou mais um envelope. Mas, desta vez, não havia mensagem alguma, só havia uma foto do Gus (o cachorro da família) —; seu nome verdadeiro era Gusmão, mas ninguém se lembrava mais disso.

Correndo até o quintal, Dinho viu o Gus deitado junto à casinha dele, meio sonolento. Mas logo levantou a cabeça e agitou o rabo em reconhecimento do amigo. Só que havia um detalhe que não estava na foto: alguma coisa brilhante pendurada na coleira. Chegando mais perto, viu que era uma chave e, na mesma argola, uma plaquinha com letras e números: DFC-3857.

— Que raio! — pensou Dinho. — Será algum código secreto? — Mas ele conhecia esse código, só não se lembrava de onde. Depois de matutar um tempinho, reconheceu a placa do carro da família.

Correu até a garagem e, no teto do carro, viu uma caixinha, pintada de verde-escuro. Alcançando a tal caixinha, notou que, em cima, tinha um corte e, na parte da frente, que parecia ser uma porta, tinha uma ranhura e algo que parecia um puxador.

Mal contendo sua empolgação, colocou a chave retirada da coleira do Gus na ranhura da porta da caixinha — ajustou perfeitamente e virou! A porta da caixinha abriu-se e, dentro, encontrou um maço de dinheiro — eram 25 notas de $ 20,00 — enroladas num bilhete e presas com um elástico. O bilhete dizia: "O sogro do seu pai sabe tudo!".

— Ué — matutou Dinho —, o sogro do meu pai é o pai da minha mãe; só pode ser o vô Roberto.

Novamente correndo, voltou para a sala, jogou-se no colo do avô.

— Robô — originalmente, o apelido era Rovô, mas, com o tempo, acabou se alterando! — O que é isto tudo (mostrando a caixinha, a chave, a plaquinha, o maço de dinheiro e o último bilhete)?

— Ora, Dinho, é um cofre com chave (sua mãe tem uma cópia), uma plaquinha que veio junto com a chave do carro, umas notas de dinheiro e um bilhete meu.

— Sei, Robô, mas o que significam?

— Bom, em resumo, significam que você está crescendo.

— Como assim, Robô? Que eu estou crescendo, todo mundo sabe; não precisa destas coisas aqui para dizer isso.

— É verdade, Dinho. Todos sabemos que você está crescendo. Mas talvez *você* não saiba que crescer não é só ficar mais alto, mais forte; também é ficar mais responsável. E uma das coisas que mostram a responsabilidade de uma pessoa é como essa pessoa cuida do dinheiro. Para aprender, é melhor ter dinheiro e também um lugar para guardar o dinheiro que você não está usando.

— Mas, Robô, é muito dinheiro. Eu não vou gastar isso tudo com balas, refrigerantes ou cinema!

— Aí é que está, Dinho. Algumas coisas você tem que pagar todos os dias, como o ônibus para ir para a escola e para voltar, e um lanche na hora do recreio. Outras não são obrigatórias, mas podem ser muito boas. E outras coisas são ótimas, mas podem custar mais do que a gente tem…

— Mas, então, como é que eu faço?
— Bom, o mais importante é pensar. Imaginar quanto você terá que gastar, comparar com o dinheiro que você tem e pensar em como você vai pagar o que é necessário com o dinheiro que tem.
— Como é que é?
— É fácil, Dinho. Vamos começar com as coisas que você tem que pagar. Por exemplo, você tem que pagar o ônibus para ir e voltar da escola, não é? Quanto é a passagem do ônibus?
— É $ 3,00 na ida e $ 3,00 na volta. Mas a mamãe me dá o dinheiro todo dia.
— Engano seu, Dinho. A sua mãe *dava* o dinheiro; a partir de agora, *você* é que vai ter dinheiro *seu*, e sua mãe não vai ter que lhe dar nada. Você vai precisar de $ 6,00 por dia, não é isso?
— É... bom... tá. Isso mesmo, $ 6,00 por dia.
— Legal. E quantos dias por mês você vai para a escola?
— Ué! Por que *mês*?
— Porque eu vou lhe dar esse mesmo valor todos os meses. Quantos dias?
— Bom, são cinco dias por semana e quatro semanas por mês. São 20 dias.
— Tá bom, mas não se esqueça de que cada mês tem quatro semanas e pouco. Vamos pensar em 21 dias. Então, se são $ 6,00 por dia e 21 dias, quanto dá isso? Arranja lápis e papel pra ajudar nas contas.

— $ 6,00 vezes 21 dias, … dá… …$ 126,00!

— Ótimo. Agora, o que mais você gasta, obrigatoriamente, todos os dias?

— A mamãe costuma me dar $ 10,00 por dia para comprar um lanche na escola.

— *Costumava* dar, Dinho, costumava!… E você gasta esse valor todos os dias?

— Mais ou menos, Robô, mais ou menos. Tem dias que peço um suco, tem dias que peço um refrigerante, e tem dias que peço uma água; pra comer, às vezes peço um sanduíche, às vezes, um doce. No geral, às vezes gasto $ 8,00 e às vezes gasto $ 12,00. A diferença que sobra em um dia, eu uso para compensar o que falta no outro.

— Tá bom, Dinho. Vamos supor que você gaste $ 10,00 por dia. Quanto por mês?

— $ 10,00 vezes 21 dias… dá $ 210,00.

— Certo. E isso mais o ônibus, dá quanto?

— $ 126,00 mais $ 210,00… dá $ 336,00, Robô.

— Perfeito. Então esse é o valor que você tem que pagar todos os meses. Mas quanto dinheiro você tem agora?

— Ué, o que você me deu. Vinte e cinco notas de $ 20,00 dá $ 500,00. Um dinheirão!

— Então, quanto vai sobrar depois de pagar todas as despesas obrigatórias?

— Bem… $ 500,00 menos $ 336,00… dá $ 164,00.

— Esse é o valor que você pode gastar com coisas não obrigatórias.

— Quer dizer que posso gastar isso em besteiras?

— É isso aí, Dinho. Mas lembre-se de que, se você gastar tudo logo no primeiro dia, vai ter que passar o resto do mês "a seco".

— Mas, e se no fim do mês eu não tiver gastado tudo?

— Aí sobra mais para o mês seguinte.

— Tá bom. Mas se eu quiser comprar alguma coisa que custe, digamos, $ 300,00?

— Ué, tá na cara que com a sobra de um mês não vai dar para comprar essa coisa; você vai ter que economizar por mais de um mês. Por exemplo, se você gastar, daqueles $ 164,00 apenas $ 100,00 por mês, você vai guardar $ 64,00 por mês. Nesse caso, quanto tempo levaria para você juntar os $ 300,00 que você quer?

— Bom, em dois meses, eu teria $ 128,00; em quatro meses, $ 256,00; em seis meses, $ 384,00. Ei, então em seis meses eu teria mais do que o suficiente.

— É... Na verdade, você já teria um pouco mais do que o necessário depois de apenas cinco meses.

— Legal, Robô. Mas como que faço no dia a dia?

— Olha, na segunda-feira, de quanto você vai precisar?

— $ 6,00 do ônibus mais $ 10,00 para um lanche. Dá $ 16,00.

— Certo, mas você só tem notas de $ 20,00...

— Então levo uma nota de $ 20,00, pago a passagem de ida, de $ 3,00, e o cobrador me devolve... $ 17,00, provavelmente uma nota de $ 10,00, uma de

$ 5,00 e uma de $ 2,00. Na hora do lanche, compro um suco e um sanduíche, por $ 10,00, e fico ainda com as notas de $ 5,00 e de $ 2,00. Depois, na volta para casa, dou a nota de $ 5,00 no ônibus e o cobrador me devolve $ 2,00. Aí, chego em casa com $ 4,00. Não é isso?

— Exatamente. E o que você faz com esses $ 4,00 que sobraram?

— Matei: ponho no cofre!

— Ótimo. Mas, agora, me diga, depois de dois dias, quanto vai sobrar?

— $ 4,00 mais $ 4,00: $ 8,00.

— Depois de três dias?

— $ 12,00.

— E depois de quatro dias?

— $ 16,00. Ei, mas esse é o valor que vou precisar no quinto dia; não vou ter que pegar outra nota de $ 20,00.

— É isso aí, Dinho. Se você conseguir fazer isso direitinho, todos os dias, e lembrando que são 21 dias no mês (fora sábados e domingos), quanto você vai gastar com essas coisas no mês todo?

— Ué, deve ser 21 dias vezes $ 16,00... ééé... $ 336,00.

— E já que lhe dei $ 500,00, quanto vai sobrar?

— Essa conta já fizemos antes; dá $ 164,00.

— Então; isso é o máximo que você pode gastar, em um mês, com o que chama de "besteiras": balas, cinema, algum joguinho desses mais simples, as revistinhas que eu sei que você curte. E não vai ter que pedir dinheiro para ninguém.

— Mas, Robô, e se eu precisar de um material da escola, ou alguma coisa assim, que custe mais do que eu tenho?

— Não se preocupe, Dinho. Combinei com seus pais que vou lhe dar esses $ 500,00 por mês para você pagar o ônibus e o os lanches do recreio e ainda sobrar um pouco para você; as outras coisas são por conta deles, como sempre.

— Mas, Robô...

— O que foi, Dinho?

— Nada... Ofrigado — a palavra saiu meio errada porque o Dinho estava abraçando o avô.

O primeiro mês

NA SEGUNDA-FEIRA seguinte ao seu aniversário, Dinho levantou cedo e, depois do café da manhã, apanhou a mochila com seu material da escola.

— Manhê, me dá...
— Sim, filho, o que é?
— Nada não, mãe, eu só ia pedir um beijinho, mas me lembrei que tenho que pegar uma coisa no meu quarto.
— Tá bom, querido. Mas depois tem beijinho, sim.
— Ufa! — pensou Dinho —, quase me esqueci que não é para pedir o dinheiro para a mamãe.

Abriu o cofre e pegou uma nota de $ 20,00.

Passando pela sala, a caminho da porta, recebeu o beijinho prometido e foi para o ponto de ônibus.

Alguns minutos depois, chegou o ônibus (quase sempre era o mesmo, tanto que o motorista e o cobrador já o conheciam como "Dinho") e ele entrou, dando logo bom-dia para o "seu" Zé, o motorista. Em seguida, foi até a mesinha do cobrador.

— Bom dia, Roni (o cobrador). Dá pra trocar uma nota de $ 20,00?

— Oi, Dinho. Mas você está cheio da "grana", né? Claro, eu tenho troco; aí vai — e entregou uma nota de $ 10,00, uma de $ 5,00 e uma de $ 2,00.

Chegando à escola, Dinho logo se juntou a seus amigos (a maioria tinha estado na festa dele) e foi contando os detalhes do presente que tinha recebido do avô. Todos os seus amigos ganhavam mesadas, de valores variados, mas nenhum com os requintes que o Robô tinha inventado; até ficaram com inveja!

Depois das primeiras aulas (português, história geral e matemática), saiu com os amigos para o pátio e procurou a cantina.

— Oi, dona Rosa, pode ser um suco de laranja e aquele sanduíche de frango desfiado?

— Claro, Dinho. Taqui, caprichado, o suco é $ 4,00 e o "sandú" é $ 6,00.

— Obrigado, dona Rosa — entregando a nota de $ 10,00 —, pode ficar com o troco.

— Que troco, Dinho? A conta fechou!

— Brincadeira, dona Rosa, brincadeirinha! Nos filmes, os "bambas" dizem isso quando pagam alguma coisa, e eu sempre quis dizer.

Aí veio a segunda rodada de aulas (história do Brasil, ciências e inglês) e, depois, o Dinho foi para o ponto de ônibus, junto com alguns dos seus amigos (os outros iam na perua da tia Jane, ou com suas mães, de carro).

Ao entrar no ônibus, foi surpreendido com a saudação:
— Oi, Dinho. Você de novo?
— Oi, "seu" Zé. Ué, o senhor de novo? Esticou o horário?

Depois, ao passar pelo cobrador, viu que era o Roni de novo.
— Você também esticou o horário?
— Pois é, Dinho, deu defeito em outro ônibus, e nós tivemos que esticar. Oba, mas desta vez você veio com dinheiro mais miúdo — ao ver a nota de $ 5,00 que Dinho lhe passava.
— É... às vezes é possível. Obrigado, Roni — embolsando o troco de $ 2,00.

No meio da conversa com os amigos, quando viu, já estava quase no ponto da sua casa.

Passando pela porta de casa, foi logo abraçar a mãe.
— Oi, mãe. Já cheguei.

Foi direto para seu quarto e conferiu o dinheiro que lhe sobrava no bolso. Como previsto, eram duas notas de $ 2,00, que guardou cuidadosamente no cofre.

No dia seguinte, foi mais ou menos a mesma coisa: saiu de casa com uma nota de $ 20,00 e voltou com duas notas de $ 2,00.

A única diferença foi que, na hora do lanche, na escola, pediu um suco de maracujá e um sanduíche de atum.

— Aí está, Dinho. O suco sai por $ 4,00 e esse sanduba é $ 5,00.

Passando uma nota de $ 10,00, Dinho repetiu a mesma frase do dia anterior:

— Obrigado, dona Rosa, pode ficar com o troco.

Dona Rosa olhou meio torto (mas com um sorriso) e lhe estendeu uma moeda de $ 1,00.

— Que isso, Dinho. Tá aqui o seu troco.

— Não senhora. Se ontem foi de brincadeira, hoje não é. A senhora sempre nos atende tão bem que às vezes merece um "algo mais".

— Obrigada, Dinho. Valeu. — E lhe passou uma bala de hortelã.

No ônibus, a caminho de casa, ficou meio pensativo:

— Será que fiz bem dando aquela moeda para a dona Rosa? Sei que meus pais geralmente deixam um dinheirinho a mais para o garçom, quando a gente almoça em restaurantes, mas será que eu devia? Afinal, a dona Rosa está lá cuidando da cantina dela, e tem até uma tabela de preços aprovada pela escola. A gente usa dinheiro para trocar por alguma coisa e, neste caso, eu acabei dando aquela moeda a troco de nada — tá bom, ganhei uma balinha de menta, mas isso não conta, custa muito menos do que $ 1,00!

Na hora do jantar, aquela noite, resolveu discutir a questão com seus pais. Contou a história toda, expôs seus pensamentos e perguntou:

— E então, fiz bem?

Meio que rindo, seus pais explicaram (os dois disseram mais ou menos a mesma coisa):

— Filho, você está certo quando diz que a gente usa dinheiro para trocar por outras coisas. Mas, às vezes, as pessoas nos dão coisas que não estão numa tabela de preços. Carinho, atendimento gentil, cuidados especiais e coisas assim. Essas coisas têm valor, se bem que esse valor não pode ser mostrado em dinheiro. Nesse tipo de situação, pagar um pouco mais do que o preço da tabela é uma forma de retribuir. Pode ter certeza de que a dona Rosa entendeu que era uma espécie de carinho seu em troca do carinho dela.

E a mãe acrescentou:

— Conheço a dona Rosa há muito tempo e sei que tudo que ela vende na cantina é da melhor qualidade, e os preços que ela cobra são menores do que em muitos outros lugares. Também sei, porque você me contou, que em algumas ocasiões em que você tinha menos dinheiro do que o necessário ela meio que deixou pra lá, não é? Isso não merece um "agrado" de vez em quando? Claro que sim.

O resto da semana correu normalmente, mas, na hora do lanche, na sexta-feira, o João, um dos colegas do Dinho (mas não muito amigo), perguntou:

— Dinho, você pode me emprestar $ 4,00 para tomar um suco? Na segunda-feira eu devolvo.

Como aquele era o dia em que o Dinho saía de casa com o dinheiro exato (oito notas de $ 2,00), Dinho explicou que não podia atender ao pedido. Mas ficou meio encafifado:

— Será que o João ficou chateado?

Naquele fim de semana, quando todos foram almoçar na casa dos avós, Dinho esperou um momento de sossego e foi conversar com o avô:

— Robô, me conta uma coisa. Um dia desses um colega me pediu emprestado $ 4,00 para tomar um suco na escola. Era um dia em que eu tinha ido com o dinheiro exato e, por isso, não pude emprestar. Mas depois fiquei pensando sobre o que eu faria se tivesse emprestado e, no dia prometido, ele não me devolvesse o dinheiro. Como é que eu faria?

— Xiii, Dinho, essa é uma questão muito delicada! As únicas coisas que a gente não pode recusar nunca, a ninguém, são um copo de água e um prato de comida e, nesses casos, não são empréstimos. Qualquer outra coisa que a gente empreste a um amigo pode dar um tremendo problema: a gente corre o risco de perder o que emprestou e, ainda por cima, perder o amigo. É claro que, se a pessoa que pede é muito amiga, ou se a coisa pedida é muito necessária, a gente empresta, mas sempre lembrando que pode perder a coisa emprestada e o amigo. Nessas horas, se você puder, talvez seja melhor simplesmente *dar* a coisa, explicando que não precisa devolver.

— Bom, mas aí eu fico sem a coisa que emprestei!

— Pois é... por isso que você tem que pensar muito bem antes de emprestar, ou dar, a coisa pedida. E, depois, nem sempre você perde, Dinho. Se na hora combinada a pessoa realmente devolver a coisa, você saberá que é um superamigo; se não devolver, você não terá perdido a coisa (porque você deu) e nem o amigo. Na verdade, os bons amigos não costumam pedir nada emprestado, a menos que essa coisa seja muito necessária, tipo vida ou morte.

— Mas, Robô, então como é que você faz, como gerente da agência do Banco Beta, para resolver se deve, ou não, dar um empréstimo que alguém peça?

— Dinho, no banco, não é um *amigo* que me pede o empréstimo (aliás, peço a meus amigos que nunca me peçam empréstimos no banco); é um *cliente*. Por mais que o banco procure se relacionar com seus clientes como amigos, sempre se sabe que esse relacionamento é apenas profissional. Antes de dar um empréstimo, o banco verifica se a pessoa que está pedindo tem condições de devolver no futuro, mesmo que, no momento, esteja passando por dificuldades. Além disso, qualquer empréstimo do banco sempre tem um documento assinado em que a pessoa que pede o empréstimo se compromete a devolver o valor devido ou entregar alguma outra coisa que tenha o mesmo valor.

— Acho que entendi, Robô. Mas, então, o que faço se alguém me pedir dinheiro emprestado?

— Bom, o melhor é pedir desculpas e explicar que não pode porque o dinheiro está contadinho.

— Mas, e se for um amigão?

— Mesmo assim, é melhor não emprestar. Se você emprestar dinheiro para um, vai ser mais difícil recusar para outros, e aí, já viu, né? Lembre-se de que, para cada mês, você tem o dinheiro necessário para o ônibus e um lanche a cada dia, com uma pequena sobra para "besteiras"; se você gastar ou emprestar mais em um dia qualquer, isso significa que vai ter que cortar as "besteiras" no resto do mês.

— Dias atrás, um dos meus colegas perdeu o dinheiro do ônibus pra voltar pra casa e outro menino emprestou pra ele. Aí pode?

— Então, Dinho, é como lhe falei antes: se for um caso muito importante, pode e deve emprestar, se você tiver o dinheiro, claro. Nesse caso, como é que seu colega ia chegar em casa se alguém não emprestasse o dinheiro? E esse seu colega devolveu o dinheiro no dia seguinte?

— Devolveu, sim, Robô. E ainda pagou um refrigerante pro menino que emprestou o dinheiro.

— Muito bem; cumpriu a obrigação e ainda fez uma gentileza.

— Robô, já que a gente tá conversando assim, tem uma coisa que queria perguntar. Um dos meninos da minha classe, o Bonifácio, parece que não tem dinheiro pra comprar um lanche; ele sempre leva um pãozinho ou umas bolachas de casa e toma água no bebedouro. Ele nunca pediu nada a ninguém, mas será que eu não poderia emprestar um dinheiro pra ele, de vez em quando?

— Dinho, querido, esse é o tipo de situação em que você deve dar, e não emprestar.

— Tá bom, então de vez em quando eu dou um dinheiro pra ele. Assim, ele pode comprar um lanchinho.

— É muito bom saber que você pensa assim. Só que aí tem outro problema: o menino pode se sentir encabulado de receber seu presente, por mais que você ofereça de coração; ele pode achar que você está dando uma esmola, e ninguém gosta de receber esmola.

— Mas, Robô, então o que que eu faço?

— Dinho, acho melhor não fazer nada. Se algum dia ele lhe pedir um dinheiro emprestado, e se você tiver o dinheiro, então "empresta", mas saiba que talvez não receba de volta.

— É... Mas, que eu saiba, o Boni nunca pediu nada pra ninguém. Ele parece legal, mas não tenho muito contato com ele; é meio quietão, só fica com a gente se a gente chama.

— Olha, tenho uma ideia. Você sabe se o menino mora perto daqui?

— Não sei. Só sei que ele pega o mesmo ônibus que eu, mas desce depois de mim.

— Bom, não pode ser longe; a linha de ônibus só tem mais duas paradas antes do ponto final. Então, você podia convidar ele, de vez em quando, pra vir com você pra casa, direto da aula. Sei lá, pra estudar, brincar, ver TV, jogar bola... Assim, ele sente que tem um amigo e, de quebra, ganha um bom almoço sem ninguém "dar" nada pra ele. Mas não se esqueça de combinar com sua mãe antes.

— Boa, Robô. Vou fazer isso!

Na segunda-feira, Dinho aproveitou o intervalo depois da aula de matemática para conversar com o menino:

— Boni, notei que você sempre vai bem em matemática; eu tenho algumas dificuldades. Você não quer ir pra casa comigo, amanhã, pra gente estudar junto? Acho que você vai poder me ajudar.

— Ué, Dinho, claro. Depois do almoço eu vou lá na sua casa, fica só a uns dois quarteirões da minha. Gosto muito dessa matéria; vai ser gostoso estudar com você.

— Não, Boni. A gente podia ir lá pra casa direto da escola; você almoça com a gente e, depois, a gente pensa em estudar. Combinado?

— Combinado! Mas não vai dar trabalho?

— Imagina, Boni. Minha mãe gosta quando levo um amigo pra almoçar.

— Então, tá.

No dia seguinte, depois das aulas, os dois foram juntos para a casa do Dinho. Já quase na porta de entrada, Boni sussurrou:

— Dinho, como chama sua mãe?
— Bom, o nome dela é Rebeca, mas todo mundo chama de Beca.
Ao entrar em casa, Dinho foi falando, em voz alta:
— Oi, manhêê, chegamos!
— Oi, queridos, bem-vindos! O almoço já tá saindo.
— Mãe, este é o Boni, meu amigo que vai me ajudar em matemática.
— Oi, Boni. Que bom conhecer você.
— Oi, dona Rebeca. Prazer.
— Boni, todo mundo me chama de Beca; às vezes eu até me esqueço de que meu nome é Rebeca.
Depois do almoço, Boni e Dinho brincaram um pouco com um videogame e, em seguida, foram estudar.
— Dinho, me diz qual é uma dificuldade que você sente em matemática; vamos começar por aí.
— Bom, Boni, eu tenho dificuldades com...
Aí seguiu-se uma longa discussão sobre a questão levantada. Boni demonstrou sua facilidade com o assunto, indicando procedimentos simples e fáceis de lembrar que deixaram Dinho mais confiante.
Quando começava a anoitecer, Boni agradeceu ao seu amigo e à Beca, e foi para casa.
E assim correu o resto do mês, seguindo o rumo de sempre: Dinho cuidou do seu dinheiro sem gastar nada além do necessário; Boni foi para a casa do amigo mais algumas vezes...
No último dia do mês (que tinha 21 dias de aulas), uma segunda-feira, Dinho foi verificar quanto ele ainda

tinha no cofre: encontrou oito notas de $ 20,00 e duas notas de $ 2,00, e fez as contas — oito vezes $ 20,00 dá $ 160,00, mais as duas notas de $ 2,00, dá $ 4,00, totalizando $ 164,00. Exatamente como o Robô e ele calcularam!

Mas aí pensou:

— Ué, o Robô disse que ia me dar $ 500,00 todo mês, mas o mês já acabou e ele esteve aqui em casa no domingo sem falar nada; será que ele se esqueceu?

Mais um motivo para Dinho cuidar do dinheiro com carinho!

O segundo mês

QUANDO DINHO FOI tomar seu café da manhã no dia seguinte (uma terça-feira, o primeiro dia do mês), encontrou um cartãozinho no seu prato com a mensagem: "Se sua mãe for fazer café agora, você vai poder me ver". Notou que a Beca olhava para ele com um sorriso maroto.

— Xii, começou tudo de novo! — pensou.

Percebendo que a mensagem só podia se referir à cozinha, foi até lá e olhou em volta.

— Claro — pensou. — No fogão é que não haveria de ser. A geladeira já foi no mês passado… Mas, ao passear com os olhos pela cozinha, viu, numa prateleira mais ou menos na altura da cabeça, a lata em que sua mãe guardava o pó de café. Dito e feito, atrás da lata havia um maço de notas de dinheiro; eram, como no dia do seu aniversário, 25 notas de $ 20,00, enroladas num papel e presas com um elástico! No papel, uma única palavra: "Beijão".

Pegou o dinheiro e apressou-se para guardá-lo no cofre, pensando:

— Opa, eu já tinha $ 164,00 e, agora, com mais $ 500,00, tenho $ 664,00! — Sentiu-se "poderoso". Aproveitou para pegar uma das notas de $ 20,00 que já estavam lá e voltou para a mesa do café.

Em seguida (depois do beijinho na mãe), foi para o ponto de ônibus. Surpresa: o Boni estava lá!

— Ué, por que você veio pro meu ponto?

— Sei lá. Acordei mais cedo e resolvi andar um pouco.

Entrando no ônibus — Bom dia, seu Zé —, foram logo para a mesinha do cobrador onde, estando na frente, o Dinho entregou sua nota de $ 20,00 ao Roni.

— Xi, Dinho, não tenho troco.

— Bom, ajuda se você cobrar junto a passagem do Boni?

— Facilita. Justamente eu não tenho notas de $ 5,00. E entregou o troco certo: uma nota de $ 10,00 e duas de $ 2,00.

— Ô, Dinho — disse o Boni. — Eu também não tenho trocado. Posso devolver depois?

— Claro, Boni. Depois a gente acerta.

No intervalo entre as aulas, enquanto saboreavam seus lanches, Carlos, um dos amigos do Dinho, comentou:

— Pô, Dinho, notei que nas últimas aulas de matemática você se saiu muito bem nos problemas. Como é que você explica? De repente deu um "estalo"?

— Olha, Carlos, comecei a estudar a matéria com o Boni. O cara é uma fera. Aliás, não só nisso; naquele meu videogame de corridas de carro, no começo, ele não tinha o menor jeito, mas aprendeu rapidamente. Já no segundo dia em que ele foi lá em casa, tive dificuldade para acompanhar. Bom, mas ele me explicou um monte de coisas sobre a matemática que eu não tinha entendido antes. Aí, ficou fácil resolver os problemas.

Depois das aulas, já em casa, Dinho foi até seu quarto para guardar seu troco no cofre, mas surpreendeu-se:

— Ué, sempre sobram $ 4,00, mas hoje só tem $ 1,00! Fiz tudo como sempre.

Nisso, lembrou-se de que tinha pagado a passagem do Boni na ida para a escola.

— É isso! Amanhã ele me devolve o dinheiro e pronto.

Por via das dúvidas, escreveu numa folha de papel:

$ 20,00	Levei de manhã
- $ 3,00	Minha passagem de ida
- $ 3,00	Passagem de ida do Boni
- $ 4,00	Suco
- $ 6,00	Sanduíche
- $ 3,00	Minha passagem de volta
$ 1,00	Sobrou no fim do dia

No dia seguinte, depois de tomar café, foi para o ponto de ônibus, onde procurou o Boni, mas não o viu.

Ao entrar no ônibus — Bom dia, "seu" Zé —, foi para a mesinha do cobrador e entregou sua nota de $ 20,00, mas o cobrador (Roni) logo foi dizendo:

— Oi, Dinho. Hoje você não paga. O Boni já pagou.

Juntando-se ao amigo, agradeceu o pagamento da passagem.

— Ué, Dinho, você não tem nada que agradecer. Resolvi, em vez de lhe dar o dinheiro, retribuir a minha passagem que você pagou ontem.

Na entrada da escola, na bagunça dos minutos finais antes de irem para a sala de aula, o Carlos e um outro amigo (André) foram conversar com o Dinho.

O Carlos foi logo perguntando:

— Dinho, como é que é esse negócio de você estudar matemática com o Boni? Ele vai na sua casa e lhe dá uma aula particular?

— Ih, gente, não é nada disso. Depois das aulas, ele vai comigo pra minha casa, a gente almoça, brinca um pouco e, depois, a gente repassa a matéria do dia. Quando eu tenho alguma dificuldade, ele explica. É só isso!

Aí foi a vez do André:

— Será que ele toparia fazer isso comigo também? Eu tô mal de matemática.

— É, eu também — disse Carlos.

— Olha, turma, já que somos todos quase vizinhos, a gente podia combinar que, depois da escola, nos dias das aulas de matemática, vamos os quatro, André, Boni, Carlos e eu, pra casa de um de nós e estudamos todos juntos, com direito a almoço e algum brinquedo ou jogo. O que vocês acham? Claro, vocês vão ter que ver se suas mães também topam.

E assim formou-se a chamada turma do "A-B-C-D" (as iniciais de André, Boni, Carlos e Dinho) que, três vezes por semana, se reunia para almoçar, brincar e estudar na casa de um deles.

Com o passar do tempo, as notas dos quatro amigos foram melhorando muito, principalmente em matemática (no caso de André, Carlos e Dinho)! E um dia o Boni comentou com eles que as notas dele também vinham melhorando muito em história, português e geografia.

De resto, as coisas andavam como sempre com o dinheiro do Dinho: todo dia, ao chegar em casa, ele contava quanto havia sobrado e guardava no cofre.

Menos nas sextas-feiras, que era o dia em que ele saía de casa com o dinheiro certinho: oito notas de $ 2,00.

No fim de semana do meio do mês, depois do almoço, Dinho resolveu "esbanjar":

— Robô, posso levar você ao cinema?

— Oba! Vamos ver o quê?

— É um desenho, não sei o nome, que conta a história de um cara que ganhou um prêmio e que, a partir disso, montou um império. Tá passando no cinema do shopping aqui perto.

— Tá bom, Dinho. Mas como você ainda não pode dirigir, eu levo você no carro. Chegando lá, você paga as entradas e eu compro a pipoca e os "refri". Combinado?

— Não, Robô. Eu que convidei, eu que pago. Você já vai nos levar lá, no carro.

— Tá bom, tá bom. Você é que manda. Mas não se esqueça, na hora de comprar as entradas, que você, por ser estudante, paga meia; eu, por ter mais de 60 anos, também só pago meia.

Correu para seu quarto e, depois de pensar um pouco, pegou três notas de $ 20,00 do cofre.

O filme contava a história de um garoto que ganhou um prêmio de $ 100,00 no palito de um picolé. Ele usou o dinheiro para comprar um monte de lápis, canetas, borrachas e coisa e tal. Todos os dias, depois das aulas, ele ia para uma rua cheia de escritórios e vendia os lápis etc. para quem quisesse. Como ele comprava as coisas em grandes quantidades, pagava um preço muito camarada; na hora de vender, na base do "um a um", ele também cobrava um preço camarada, mas recebia bastante além do que gastava. Entre aventuras e desventuras (algumas divertidas e algumas nem tanto), o garoto acabou montando uma rede de lojas de material escolar e de escritório. E acabou virando "ricaço", sempre oferecendo produtos bons a preços igualmente bons.

Depois do filme, voltando para casa, no carro, Dinho perguntou a seu avô:

— Robô, uma palavra que apareceu um monte de vezes no filme foi "finanças" ou coisa parecida. O que isso quer dizer?

— Dinho, que eu saiba, essa palavra se origina no francês "fã", que se escreve "f-i-n". Isso quer dizer o quê?

— Ué, acho que quer dizer "fim", não é?

— É isso mesmo. Então, acho que a palavra "finance", em francês, quer dizer algo como "pôr fim a…", no sentido de "finalizar um negócio". Mas um negócio só pode ser finalizado quando a pessoa que comprou paga o valor combinado pra pessoa que vendeu. Certo?

— Até aí, tudo bem. Mas, e daí?…

— Então, para que uma pessoa possa pagar algum valor, antes tem que receber esse valor de alguém, não é?

— Claro, a não ser se já tiver o valor antes.

— Pois é… então a palavra "finanças" passou a se referir a entradas e saídas de dinheiro. Faz sentido?

— É… acho que sim. Quer dizer que, quando vejo quanto dinheiro recebi e quanto gastei, estou fazendo "finanças"?

— É isso aí, Dinho.

Chegando em casa, Dinho foi logo para o seu cofre. Mas, antes, fez a seguinte continha:

$ 60,00	Levei na saída
- $ 10,00	Meu ingresso
- $ 10,00	Ingresso do Robô
- $ 15,00	Pipocão
- $ 8,00	Dois refrigerantes
$ 17,00	Trouxe na volta

E, só para confirmar, tirou do bolso uma nota de $ 10,00, uma de $ 5,00 e duas moedas de $ 1,00, guardando tudo no cofre. Depois de fechar, pensou um pouco e pegou uma etiqueta adesiva, escreveu "Finanças do Dinho", colando na parte de cima do cofre.

Chegando o fim do mês, Dinho contou, no calendário, quantos dias de aula ele teve (foram 20) e montou uma tabelinha, assim:

O que	Valor	Quantas vezes	Total
Tinha no mês passado	$ 164,00	1	$ 164,00
Recebi do Robô este mês	$ 500,00	1	$ 500,00
Ônibus	- $ 6,00	20	- $ 120,00
Lanches	- $ 10,00	20	- $ 200,00
Cinema com Robô	- $ 43,00	1	- $ 43,00
Tenho agora			$ 301,00

Olhando a tabela, pensou: — Mas teve um dia que eu paguei uma passagem de ônibus do Boni. Então não posso considerar apenas 20 vezes o ônibus. — Em seguida, lembrou que, no dia seguinte, o Boni tinha retribuído. — É... uma passagem "mata" a outra. No fim, tá certo.

Tirou todo o dinheiro que estava no cofre, separando em montinhos de notas e moedas conforme os diferentes valores. Depois de contar tudo, viu que tinha:

Notas de $ 20,00	Notas de $ 10,00	Notas de $ 5,00	Notas de $ 2,00	Moedas de $ 1,00
14	1	1	2	2

Aproveitando a maior facilidade com matemática que vinha desenvolvendo com o Boni, escreveu assim:

(14 x $ 20,00) + (1 x $ 10,00) + (1 x $ 5,00) + (2 x $ 2,00) + (2 x $ 1,00)

E, lembrando de fazer primeiro as multiplicações, encontrou o seguinte:

$ 280,00 + $ 10,00 + $ 5,00 + $ 4,00 + $ 2,00

Aí, fazendo as somas com cuidado, chegou a $ 301,00.

— *Yesss!* Certinho!

Mais um mês

DINHO ACORDOU, NA hora de sempre, lembrando:
— Hoje começa mais um mês; que surpresa o Robô terá aprontado?
Desceu para o café da manhã. — Oi, mãe. Tudo bem?
— Oi, filhinho. Tudo bem, menos o tempo; não para de chover.
Dinho ficava um pouco bravo quando a mãe o chamava de "filhinho".
— Pô, pensou. — Já tenho quase a mesma altura que ela (quer dizer, mais ou menos). Mas respondeu sem demonstrar sua irritação:
— É, mãe. Esta época do ano é assim mesmo.
Enquanto isso, olhava para os lados à procura de algum sinal do Robô. Não encontrou nada. Pensou:

— É... acho que se esqueceu.

Depois do café, foi pegar a mochila e uma nota de $ 20,00 para enfrentar as despesas do dia.

— Dinho, beijinho! E não esquece de levar o guarda-chuva.

— Beijinho, mãe. Pode deixar, já tô com ele na mão.

Ao sair da porta da frente, mas ainda protegido pela cobertura da entrada, ergueu e abriu o guarda-chuva. Tump! Alguma coisa caiu na cabeça dele e, em seguida, foi parar no capacho. Viu logo que era um maço de dinheiro, enrolado num papel e preso por um elástico. No papel, duas palavras: "Outro beijão".

Voltou atrás, abrindo a porta e gritou:

— Manhêê, guarda isso pra mim?

Surpreendeu-se ao ver que a Beca estava junto da porta, com as mãos cobrindo os ouvidos, e rindo. Ela pegou o rolo de dinheiro, deu um beijo no filho e disse:

— Deixa comigo!

O dia correu como todos os outros: ônibus — aulas — intervalo com lanche — mais aulas — ônibus de novo.

Chegando em casa, foi logo conferir as contas. Em cima do cofre, encontrou o rolo de dinheiro que tinha caído na cabeça dele de manhã.

O que	Valor
Tinha no mês passado	$ 301,00
Recebi do Robô este mês	$ 500,00
Ônibus (hoje)	- $ 6,00
Lanche (hoje)	- $ 10,00
Tenho agora	$ 785,00

Depois de contar o dinheiro que tinha no cofre ($ 281,00), o rolo daquela manhã ($ 500,00) e o troco que tinha no bolso ($ 4,00), viu que, de fato, tinha um total de $ 785,00.

— É... — pensou. — Mas ainda tem mais 21 dias de aula pela frente (o mês era mais longo). Então vou precisar de 21 × $ 6,00, pro ônibus, e mais 21 × $ 10,00, pros lanches. Isso dá... $ 126,00, mais... $ 210,00, ou seja, ... $ 336,00. Subtraindo esse valor dos $ 785,00, sobram $ 449,00 no fim do mês.

— Oba! Estou quase chegando aos $ 500,00 daquele videogame que eu quero. Será que o Robô me adianta a diferença pra eu poder comprar logo?

Naquele fim de semana, depois do almoço da família toda, Dinho procurou o avô:

— Robô, tem duas coisas que eu queria conversar com você. Pode ser?

— Claro, Dinho. Vamos lá, desembucha!

— Não, Robô, aqui não. Você pode ir comigo até meu cofre, eu queria lhe mostrar umas folhas de acompanhamento que fiz.

— Então, tá. Como eu disse antes, vamos lá.

Assim, Dinho mostrou ao avô a tabela que tinha preparado no fim do mês anterior:

O que	Valor	Quantas vezes	Total
Tinha no mês passado	$ 164,00	1	$ 164,00
Recebi do Robô este mês	$ 500,00	1	$ 500,00
Ônibus	- $ 6,00	20	- $ 120,00
Lanches	- $ 10,00	20	- $ 200,00
Cinema com Robô	- $ 43,00	1	- $ 43,00
Tenho agora			$ 301,00

O avô sorriu, dizendo:

— Tá certíssimo, Dinho. Só tem alguns detalhes da linguagem e do jeitão que a gente usa em finanças. Por exemplo: o que você chamou de "O que" seria "Histórico", e poderia incluir a descrição de cada coisa, ou "Item", o "Quantas vezes" e o "Valor unitário"; o que você chamou de "Tinha no mês passado" seria "Saldo anterior"; o que você chamou de "Tenho agora" seria "Saldo final"; os valores, a gente costuma separar em duas colunas, uma chamada de "Entradas", à esquerda, e a outra, de "Saídas", à direita. E a coluna que você chamou de "Total" seria "Saldo" e, nessa coluna, o número que aparece em cada linha é o "Saldo" da linha anterior, mais as "Entradas" da própria linha, menos as "Saídas" dessa mesma linha. Olha aqui, com esses ajustes, a sua tabela ficaria assim:

Item	Histórico		Entradas (+)	Saídas (-)	Saldo
	Quant.	Valor unitário			
Saldo inicial					$ 164,00
(+) Recebi do Robô este mês	1	$ 500,00	$ 500,00		$ 664,00
(-) Ônibus	20	$ 6,00		$ 120,00	$ 544,00
(-) Lanches	20	$ 10,00		$ 200,00	$ 344,00
(-) Cinema com Robô	1	$ 43,00		$ 43,00	$ 301,00
Saldo final					$ 301,00

— Pô, Robô. Até parece coisa de gente grande!
— Ué, Dinho. E quem aqui não é gente grande?
— Bom, você já é, e eu tô chegando lá. Mas gostei que, assim, só de olhar, a gente sabe quanto recebi ou quanto paguei em cada item, além de saber quanto ainda tenho depois de cada um.
— Então... isso aí, quando a gente vê as coisas que já aconteceram, chamamos de "Acompanhamento";

quando a gente olha as coisas que vão acontecer, dizemos que é um "Orçamento".

— Sei. Comecei a fazer isso para este mês, mas não consegui montar uma tabela. Como é que faz?

— Bem, a tabela em si seria mais ou menos igual a essa que montamos agora, só que, em vez de mostrar as coisas que já aconteceram, a gente mostra as coisas que acha que vão acontecer. Assim, quer ver? Começando do fim dessa tabela do mês passado, como é que você acha que ficaria o começo da tabela para este mês?

— Ué, é só copiar a última linha do mês passado para a primeira linha deste mês, assim:

Item	Histórico				
	Quant.	Valor unitário	Entradas (+)	Saídas (-)	Saldo
Saldo inicial					$ 301,00

— Perfeito. E o que você acha que vai acontecer este mês?

— Bom, eu espero que você vá me dar os $ 500,00 combinados (na verdade, já sei que você me deu).

— Ótimo. O que mais?

— Contei no calendário e vi que este mês tem 22 dias de aula. Então, vou ter que pagar o ônibus e os lanches 22 vezes.

— Tá. Então escreve aí na tabelinha.

E Dinho inclui na tabela, que ficou assim:

Item	Quant.	Valor unitário	Entradas (+)	Saídas (-)	Saldo
Saldo inicial					$ 301,00
(+) Recebi do Robô este mês	1	$ 500,00	$ 500,00		$ 801,00
(-) Ônibus	22	$ 6,00		$ 132,00	$ 669,00
(-) Lanches	22	$ 10,00		$ 220,00	$ 449,00
Saldo final					$ 449,00

— Perfeito, Dinho. E isso quer dizer que, se as coisas acontecerem do jeito que você acha, no fim deste mês você vai ter $ 449,00 no seu cofre.

— Eu tinha feito essas contas, Robô, mas não cheguei a colocar numa tabela. E o valor a que cheguei foi esse mesmo. Mas assim fica muito fácil de entender.

— Pronto, Dinho. Agora você já sabe mostrar o que aconteceu no passado e o que você acha que vai acontecer no futuro. Mas você disse que queria conversar duas coisas comigo. Essa foi uma; qual é a outra?

— Robô, tem um videogame que tô louco pra comprar, mas custa $ 500,00. Eu já tenho quase esse valor. Você poderia me adiantar o que falta?

— Dinho, poder, posso. Mas pode ser um pouco arriscado para você: se eu adiantar essa diferença de

$ 51,00 agora, significa que, no fim deste mês, em vez de $ 500,00, só vou lhe dar $ 449,00. E se, antes do fim do mês, você tiver vontade ou necessidade de pagar outra coisa que você não incluiu no seu "Orçamento"; como é que ficaria?

— É, Robô. Complica, né?

— Você se lembra que, no seu aniversário, quando lhe dei o cofre e a primeira "bolada" de $ 500,00, eu também lhe disse alguma coisa sobre começar a aprender o que é responsabilidade? Então, este é um caso interessante: você concorda em assumir um risco futuro pra satisfazer um prazer presente? E se esse risco "der zebra", como é que você vai se virar?

— É, Robô, como sempre, você tem razão. Acho melhor deixar esse videogame pra depois. Afinal, no começo do mês que vem, se não "der zebra", eu já terei o dinheiro necessário sem me arriscar.

Durante a semana depois dessa conversa, um dos amigos do Dinho levou uma proposta tentadora:

— O que vocês acham de promover um jogo de bola? A gente poderia alugar uma quadra, arranjar um uniforme legal e fazer um jogo tipo oficial. Meu pai é professor de educação física e topa entrar como juiz. Tem uma turma da outra classe que gostou da ideia.

— Bacana, disse o Dinho. — Mas a outra turma não vai ficar com pé atrás do seu pai ser juiz?

— Já pensamos nisso. Um dos meninos da outra turma tem um primo mais velho que costuma apitar jogos. Assim fica um juiz para cada turma, e o nosso professor de educação física seria um terceiro juiz pra desempatar, se for necessário.

— Mas quanto custaria pra alugar a quadra? Acho que é meio caro, não é?

— Nem tanto. Já perguntei naquela escolinha de esportes, aqui perto, que aluga quadras. Se a gente rachar, fica em $ 40,00 para cada um.

Todos se comprometeram a dar a resposta no dia seguinte, mas era visível o entusiasmo.

Chegando em casa, Dinho foi consultar seu Orçamento.

— Bom — pensou. — Antes eu tinha previsto que teria $ 449,00 no fim deste mês; se entrar no jogo, depois de pagar a minha parte, vou ficar com apenas $ 409,00 e meu videogame fica mais longe. Mas tudo bem, vale a pena, vai ser divertido fazer o jogo. Vou topar, sim.

No dia seguinte, durante o intervalo, na escola, os meninos todos se reuniram e concordaram em fazer o jogo, entregando o dinheiro para o professor de educação física, que se comprometeu a tratar do aluguel da quadra. E o jogo ficou marcado para o último domingo do mês, às 10h.

No grande dia, o jogo foi um sucesso. A turma do Dinho ganhou por um ponto de diferença (o grande herói do jogo foi o Boni). No fim, uma surpresa: o dono da escolinha de esportes, jogador famoso e que tinha sido titular da Seleção Brasileira, fez um rápido discurso e até entregou um troféu para a equipe vencedora. Depois dessa cerimônia, a turma da outra classe foi cumprimentar os vitoriosos e propor um jogo de volta.

No fim do mês, Dinho voltou a consultar seu Orçamento e, incluindo todas as entradas e saídas de dinheiro no seu cofre, montou o Acompanhamento do mês:

Item	Histórico				
	Quant.	Valor unitário	Entradas (+)	Saídas (-)	Saldo
Saldo inicial					$ 301,00
(+) Recebi do Robô este mês	1	$ 500,00	$ 500,00		$ 801,00
(-) Ônibus	22	$ 6,00		$ 132,00	$ 669,00
(-) Lanches	22	$ 10,00		$ 220,00	$ 449,00
(-) Jogo — minha parte	1	$ 40,00		$ 40,00	$ 409,00
Saldo final					$ 409,00

— É — pensou. — O Robô tinha razão. Se eu tivesse resolvido comprar aquele videogame, não poderia ter participado do jogo.

5

Poupança

DESCENDO A ESCADA (descalço, porque tinha esquecido os sapatos na sala) pra tomar café, Dinho gritou:

— Manhêêê, que dia é hoje?

E Beca respondeu:

— Bom, como ontem foi quinta-feira, dia 31, acho que hoje deve ser sexta-feira, dia 1º, mas não tenho certeza (aquele sorriso maroto era de matar!).

Sentando-se à mesa, Dinho foi enfiando os pés nos sapatos, que tinham ficado embaixo da mesa. Mas o pé direito não entrava; tinha alguma coisa dentro do sapato.

— Berlumpf! — Será que deixei a meia embolada dentro do sapato?

Abaixou-se, pegou o sapato e, de dentro, caiu uma coisa que o Dinho já estava se acostumando a ver: um maço de dinheiro enrolado num papel e preso por um elástico. No papel aparecia: "É isso aí — no mês passado, foi na cabeça; achei que este mês devia ser no pé. Beijão".

Depois das aulas, foi ver seu cofre, de onde tirou as tabelinhas que tinha feito, com a ajuda do avô, no mês passado. Ficou meio confuso, porque havia duas tabelas muito parecidas. — É, preciso me lembrar de escrever no alto "Orçamento" ou "Acompanhamento", conforme o caso.

Selecionou a tabela que era o "Acompanhamento" do mês anterior (a que incluía a participação no jogo) e, com base nessa, montou uma nova tabela (antes, contando no calendário o número de dias de aula no mês), tomando o cuidado de escrever, em cima, "Orçamento". Ficou assim:

ORÇAMENTO

Item	Histórico Quant.	Valor unitário	Entradas (+)	Saídas (-)	Saldo
Saldo inicial					$ 409,00
(+) Recebi do Robô este mês	1	$ 500,00	$ 500,00		$ 909,00
(-) Ônibus	21	$ 6,00		$ 126,00	$ 783,00
(-) Lanches	21	$ 10,00		$ 210,00	$ 573,00
(-) Jogo — minha parte (?)	1	$ 40,00		$ 40,00	$ 533,00
Saldo final					$ 533,00

Incluiu "(?)" no item "Jogo — minha parte" porque ainda não estava definido se haveria o tal jogo de volta.

— Oba! Quer dizer que, no fim deste mês, vou ter $ 533,00 no cofre. Isso se houver jogo este mês; se não, terei… $ 573,00! Mas tomara que a gente faça o jogo.

No fim de semana, depois do almoço, foi conversar com seu avô:

— Pô, Robô, aquela dica que você me deu, de deixar pra comprar o videogame mais tarde, veio bem a calhar. Se eu tivesse comprado naquela hora, eu não teria dinheiro pra participar do jogo da escola, ou teria que pedir emprestado mais do que eu tinha pensado. E depois o *game* não era tão importante assim. Tá bom, é um jogo legal, mas um dos meus amigos tem; eu mato a vontade na casa dele.

— Pois é, Dinho, às vezes é melhor dar um tempo antes de comprar essas coisas que a gente quer, mas que não são tão importantes.

— Além disso, Robô, agora eu tô pensando em esperar mais um pouco e depois comprar uma bicicleta nova; a minha ainda está muito boa, mas tá ficando meio pequena. Só que a que eu quero custa bem mais do que eu tenho; no fim deste mês eu devo ter $ 533,00 no cofre. Vou ter que esperar mais um tempinho.

— Boa, Dinho. Mas olha, já que você vai ficar com esse dinheiro parado, você podia abrir uma caderneta de poupança no banco. Aí o dinheiro fica guardadinho e ainda rende juros.

— O que é essa poupança? Caderneta, eu sei, mas poupança, não.

— Poupança é, digamos, "guardança"; é o dinheiro que você guarda para o futuro.

— Tá, mas e o que são esses juros? São promessas que o banco faz de me devolver o dinheiro?

— (Rindo) Não, querido. Quer dizer, é claro que o banco promete devolver o dinheiro que você colocar lá, mas, quando devolve, é mais do que o valor que você colocou. É uma espécie de "aluguel" que o banco paga pelo seu dinheiro.

— Ué, mas como? O banco guarda meu dinheiro em segurança e ainda me devolve mais?

— É isso mesmo, Dinho. Só que, enquanto você não estiver usando o dinheiro, ele não fica parado; o banco empresta pra alguém que esteja precisando e, claro, cobra juros dessa pessoa.

— Ei, calma aí! E se a pessoa não devolver o dinheiro pro banco?

— Isso é problema do banco, não seu. O banco é obrigado, por lei, a devolver o seu dinheiro. E se, por alguma razão, o banco tiver dificuldades pra devolver, o governo garante. Mas isso não costuma acontecer se o banco é bom.

— Mas como é que vou saber se o banco é bom? Não entendo nada disso.

— Ora, pergunta pros seus pais. Ou pra mim; você sabe que eu trabalho em banco.

— Tá. Mas como é que funciona?

— É muito simples: você vai ao banco com sua mãe ou seu pai (como você ainda não é adulto, não pode ser sozinho) e pede pra abrir uma caderneta de poupança. Aí você passa o dinheiro pro banco, o banco lhe dá um recibo e promete lhe pagar juros sobre esse dinheiro, todo mês, enquanto seu dinheiro ficar no banco. Depois, no fim de cada mês, o banco lhe manda uma carta dizendo quanto você tem.

— E posso pegar o dinheiro a qualquer hora?

— Mais ou menos. Nas cadernetas de poupança, a regra é que o banco paga os juros, a cada mês, sobre o que tinha na conta na mesma data do mês anterior. Se você pegar o dinheiro antes dessa data, você perde os juros do mês.

— E aí o banco manda o dinheiro dos juros pra mim?

— Geralmente o que acontece é que os juros de cada mês são somados ao dinheiro do início daquele mês. Aí, no mês seguinte, os juros são calculados sobre o dinheiro do mês anterior mais os juros.

— Ih, complicou!

— Tá bom, Dinho. Vamos ver um exemplo. Você sabe fazer cálculos com porcentagens?

— Mais ou menos. Isso faz parte de proporções, né? Mas é melhor dar uma repassada.

— Então, olha: pra calcular, digamos, 5% de $ 200,00, a gente multiplica o valor pela porcentagem e divide por 100. Quanto dá isso? Pega aí lápis e papel.

— Bom, é cinco vezes $ 200,00, que dá $ 1.000,00. Isso, dividido por 100, dá $ 10,00.

— Isso! É assim que funciona. Agora, a caderneta de poupança paga meio por cento por mês. Em finanças, a gente não usa frações ordinárias, tipo um-sobre-dois, quatro-sobre-cinco e por aí afora; a gente sempre usa frações *decimais*, tipo zero-vírgula-cinco, zero-vírgula--oito e assim por diante. Tudo bem?

— É... acho que sim, Robô.

— Bom, vai por mim. A poupança paga meio por cento, ou 0,5% por mês. Quanto você quer colocar na poupança?

— Talvez, digamos, $ 500,00.

— Ótimo. Então, depois de um mês, só de juros, você terá 0,5% de $ 500,00. Quanto dá isso?

— Vai dar... cinco vezes $ 500,00 seria $ 2.500,00, mas, deslocando a vírgula uma casa para a esquerda, dá $ 250,00. Dividindo isso por 100, dá $ 2,50. É isso?

— Exatamente! Quer dizer que, se você colocar $ 500,00 na poupança hoje, daqui a um mês você terá os $ 500,00 mais $ 2,50. Não é muito, mas sempre é bom, né? E o legal é que, se você não tirar nada durante o mês, aqueles 0,5% passam a levar em conta, para o mês seguinte, não só os $ 500,00, mas também os

$ 2,50. E, assim, a bolada vai crescendo, devagar, mas sempre, até que você pegue o dinheiro.

— Tá, mas e se, no fim do mês, não peguei nada e puser mais $ 100,00, por exemplo. Como é que fica?

— Ué, aí o banco vai contar, para o mês seguinte, os $ 500,00 originais, mais os $ 2,50 dos juros, mais os $ 100,00 do novo depósito, ou seja, $ 602,50, e os juros do segundo mês vão ser calculados sobre esse total. E a bolada cresce mais rápido.

Na segunda-feira, que era dia de estudos com a turma do A-B-C-D, Dinho contou a história toda das cadernetas de poupança, explicando tudo que o Robô tinha dito.

— Ué, Dinho — disse André. — Você tem um robô em casa? Como é que nós nunca vimos?

— Não, não é nada disso! Não é *um* robô, desses que aparecem em filmes; é *o* Robô. É meu avô, que se chama Roberto. Quando eu era pequeno, eu chamava ele de Ro-vô; daí, acabou virando Robô.

— Ah, bom. Mas essa coisa de caderneta de poupança parece legal. Qualquer um pode fazer?

— Pelo que me disse o Robô, pode. Mas, no nosso caso, teríamos que fazer junto com o pai ou a mãe, porque a gente ainda não é adulto.

Na terça-feira, Dinho foi com a Beca até o banco em que o Robô trabalhava e abriram uma caderneta de poupança. Dinho entregou $ 500,00 que tinha tirado do cofre e recebeu um papelzinho, assim:

> *Banco Beta, S.A.*
> Comprovante de depósito
> Cliente: Rebeca Pinho Teixeira e Oswaldo Pinho Teixeira
> Agência: 1.003   Conta: 123.456-7   Tipo: Poupança
> Valor recebido: $ 500,00
>   Data: 8 de maio de 20X1

— Olhaí, Dinho — comentou Beca. — O banco tá chamando você pelo nome verdadeiro!

No carro, voltando para casa, Dinho ficou o tempo todo olhando para aquele papelzinho, sentindo-se muito importante. Tinha a impressão de que podia *ver* o dinheiro crescendo — devagar, mas sem parar.

E, chegando em casa, foi até seu cofre, guardou o tal papel com cuidado e refez o Orçamento que tinha preparado dias antes. Ficou assim:

ORÇAMENTO

Item	Quant.	Valor unitário	Entradas (+)	Saídas (-)	Saldo
Histórico					
Saldo inicial					$ 409,00
(+) Recebi do Robô este mês	1	$ 500,00	$ 500,00		$ 909,00
(-) Ônibus	21	$ 6,00		$ 126,00	$ 783,00
(-) Lanches	21	$ 10,00		$ 210,00	$ 573,00

continua

Item	Quant.	Histórico Valor unitário	Entradas (+)	Saídas (-)	Saldo
(-) Jogo — minha parte (?)	1	$ 40,00		$ 40,00	$ 533,00
(-) Depósito na poupança	1	$ 500,00		$ 500,00	$ 33,00
Saldo final					$ 33,00

Olhou, olhou... e pensou:

— Não tá legal. Dá a impressão de que, no fim do mês, se tudo correr como eu tô planejando, vou ter só $ 33,00. Mas não é verdade! Terei $ 33,00 no cofre, mas também terei mais $ 500,00 na poupança. Só que isso não aparece.

No fim da semana seguinte, aconteceu o tão aguardado jogo de volta, que a turma da outra classe ganhou (por um ponto de diferença). Desta vez, o dono da escolinha de esportes, além de entregar o troféu para a turma vencedora, também entregou, a todos os jogadores, um chaveiro com uma bola na ponta.

Chegando em casa, depois do almoço (e depois de enfiar a chave do seu cofre no chaveirinho do jogo), Dinho explicou o problema do orçamento a seu avô, mostrando o que tinha preparado.

— Dinho, é muito simples: pra cada Orçamento, e também pra cada Acompanhamento, você abre em duas tabelinhas, sendo uma pro cofre e outra pra poupança. Mas pode até ser na mesma folha, assim, por exemplo:

ORÇAMENTO

Item	Quant.	Valor unitário	Entradas (+)	Saídas (-)	Saldo
Histórico					
COFRE					
Saldo inicial					$ 409,00
(+) Recebi do Robô este mês	1	$ 500,00	$ 500,00		$ 909,00
(-) Ônibus	21	$ 6,00		$ 126,00	$ 783,00
(-) Lanches	21	$ 10,00		$ 210,00	$ 573,00
(-) Jogo — minha parte	1	$ 40,00		$ 40,00	$ 533,00
(-) Depósito na poupança	1	$ 500,00		$ 500,00	$ 33,00
A — Saldo final — COFRE					$ 33,00
POUPANÇA					
Saldo inicial					$ 0,00
(+) Juros	0	$ 0,00	$ 0,00		$ 500,00
(+) Depósito na poupança	1	$ 500,00	$ 500,00		$ 500,00
(-) Retiradas	0	$ 0,00		$ 0,00	$ 500,00
B — Saldo final — POUPANÇA					$ 500,00
Saldo final — TOTAL (A + B)					$ 533,00

— Olha aí, Dinho: nessa tabela, você sabe quanto vai ter no cofre e na poupança. E também, é claro, quanto no total. Essas duas linhas que coloquei na parte da poupança, onde escrevi "zero", podem ser úteis no futuro pra registrar a entrada de juros e a saída de retiradas.

— Pô, Robô, é fácil! Porque não pensei nisso? É como se eu fosse duas pessoas, uma do cofre e outra da poupança.

— É isso aí, Dinho. Você é duas pessoas. Na verdade, *três*: uma no cofre, outra na poupança, e a terceira que eu tô abraçando.

— Ovrigazo, Rovô! — Abraço, principalmente apertado, dificulta falar direito.

Daí e até o fim do mês tudo correu como Dinho tinha planejado. Quer dizer, quase tudo: ele teve que comprar um jogo de pilhas para o carrinho de controle remoto que ganhou no aniversário e aproveitou para comprar um osso de brinquedo para o Gus (o cachorro).

Então, depois do almoço, já no último dia do mês, ele montou sua tabelinha de "Acompanhamento". Ficou assim:

ACOMPANHAMENTO

Item	Quant.	Valor unitário	Entradas (+)	Saídas (-)	Saldo
COFRE					
Saldo inicial					$ 409,00
(+) Recebi do Robô este mês	1	$ 500,00	$ 500,00		$ 909,00
(-) Ônibus	21	$ 6,00		$ 126,00	$ 783,00
(-) Lanches	21	$ 10,00		$ 210,00	$ 573,00
(-) Jogo — minha parte	1	$ 40,00		$ 40,00	$ 533,00
(-) Depósito na poupança	1	$ 500,00		$ 500,00	$ 33,00
(-) Pilhas para o carrinho	1	$ 22,00		$ 22,00	$ 11,00
(-) Osso para o Gus	1	$ 6,00		$ 6,00	$ 5,00
A — Saldo final — COFRE					$ 5,00
POUPANÇA					
Saldo inicial					$ 0,00
(+) Juros	0	$ 0,00	$ 0,00		$ 0,00
(+) Depósito na poupança	1	$ 500,00	$ 500,00		$ 500,00
(-) Retiradas	0	$ 0,00		$ 0,00	$ 500,00
B — Saldo final — POUPANÇA					$ 500,00
Saldo final — TOTAL (A + B)					$ 505,00

— Xiii — pensou Dinho. — Vou ter que tomar cuidado: se o dinheiro do Robô não chegar rapidinho, tô enrascado! Tudo bem, eu poderia retirar dinheiro da poupança, mas, nesse caso, perco os juros que entrariam no dia 8… não, 9 do mês que vem.

Mas aí tocou a campainha do portão…

Correio

— DINHO! — chamou Beca. — É pra você.

E Dinho foi atender. Era o Pedro, carteiro que, há anos, atendia a vizinhança.

— Dinho, tenho uma "Entrega Urgente" para o sr. Oswaldo Pinho Teixeira. Precisa assinar.

— Ué, Pedro, deve ser pro meu pai.

— Bom, mas dona Beca disse que era pra você.

— Ah, é. Meu pai é Oswaldo, mas não é Pinho.

— Tá bom, Dinho. Mas então, assina aí. E pode ser um copo d'água?

— Claro, Pedro. — Pegou o envelope (meio gordo), assinou o recibo e foi correndo pegar a água.

Depois, entrando em casa, Dinho logo abriu o envelope. Dentro tinha um maço de notas de dinheiro, não enrolado, mas preso com um elástico e um papel (exatamente do mesmo tamanho das notas) com a mensagem: "Para o sr. Oswaldo Pinho Teixeira, cansado de surpresas, com um abraço de rachar costelas".

— Eitcha, Robô! — pensou Dinho.

Contando o dinheiro, viu que, como imaginava, eram 25 notas de $ 20,00. Em seguida, depois de guardar o dinheiro no cofre, pegou o Acompanhamento do mês anterior, pensando em montar o Orçamento do mês atual. Mas, daí, percebeu que precisava indicar a que mês se referia para poder distinguir um mês do outro.

Contando os dias de aula e lembrando que, nesse mês, não haveria jogo porque era mês de provas na escola, calculou que, se não acontecesse nada de diferente, ele teria uma sobra de $ 185,00 e achou que poderia fazer um depósito de $ 100,00 na poupança. A tabela ficou assim:

ORÇAMENTO (JUNHO DE 20X1)

Item	Histórico				
	Quant.	Valor unitário	Entradas (+)	Saídas (-)	Saldo
COFRE					
Saldo inicial					$ 5,00
(+) Recebi do Robô este mês	1	$ 500,00	$ 500,00		$ 505,00

continua

Histórico					
Item	Quant.	Valor unitário	Entradas (+)	Saídas (-)	Saldo
(-) Ônibus	20	$ 6,00		$ 120,00	$ 385,00
(-) Lanches	20	$ 10,00		$ 200,00	$ 185,00
(-) Depósito na poupança	1	$ 100,00		$ 100,00	$ 85,00
A — Saldo final — COFRE					$ 85,00
POUPANÇA					
Saldo inicial					$ 500,00
(+) Juros do mês passado	1	$ 2,50	$ 2,50		$ 502,50
(+) Depósito na poupança	1	$ 100,00	$ 100,00		$ 602,50
(-) Retiradas	0	$ 0,00		$ 0,00	$ 602,50
B — Saldo final — POUPANÇA					$ 602,50
Saldo final — TOTAL (A + B)					$ 687,50

— Pô, meu! Minha bicicleta nova tá chegando mais perto! — comentou com o espelho acima da mesa do quarto.

Animado, foi procurar sua mãe:

— Manhê, a gente podia voltar no banco um dia desses? Quero fazer mais um depósito na minha poupança.

— Claro, filho. No mês passado, quando você abriu a conta, fomos no dia 8, se não me engano. A gente podia ir no mesmo dia este mês. Assim os dois depósitos caem no mesmo dia do mês.

— Legal. Aí o período do cálculo dos juros cai sempre no mesmo dia do mês.

Beca sorriu com a preocupação do filho, que estava deixando de ser "-inho".

— Combinado, filhão.

No dia combinado, foram ao banco. Dinho entregou seus $ 100,00 e recebeu outro papelzinho:

Banco Beta, S.A.
Comprovante de Depósito
Cliente: Rebeca Pinho Teixeira e Oswaldo Pinho Teixeira
Agência: 1.003   Conta: 123.456-7   Tipo: Poupança
Valor recebido: $ 100,00
                              Data: 8 de junho de 20X1

Examinou o papel com cuidado e orgulho. Mas, desta vez, não ficou olhando durante todo o trajeto de volta para casa; já estava se acostumando.

No caminho, passaram pela loja onde uma bicicleta estava exposta em destaque.

— Olha, mãe. Aquela é a bicicleta que eu quero! Ela tem um monte de marchas, pra poder subir ladeiras, correr bastante…

— Como eu tô dirigindo, não deu pra ver muito bem, mas parece legal, filhão. Só que, pelo jeito, deve ser meio cara, né? Você tem dinheiro pra isso tudo?

Dinho ficou feliz ao perceber que sua mãe não o chamou de "filhinho".

— Agora, não tenho, mãe. Mas daqui a um tempinho, vou ter!

— E daí? Quando você comprar essa bicicleta, o que vai fazer com a outra, a que você já tem?

— No começo, queria vender, pra ficar com mais dinheiro. Mas aí vi que o preço que pagam por uma bicicleta usada é muito baixo. Sei lá, pensei em, quem sabe, dar pro filhinho (ele só tinha uns seis anos) dos vizinhos, que não tem bicicleta e que sempre fica olhando a minha. Acho que vou ficar mais feliz com a alegria do menino do que com a mixaria que me dariam na venda da bicicleta.

Sem tirar os olhos do trânsito, Beca esticou a mão e fez um rápido cafuné no filho.

— É isso aí, Dinho!

Alguns dias depois, quando Dinho chegou da escola, Beca avisou:

— Filhão, acabou de chegar uma carta pra você. Tá em cima da mesa da sala.

Pegando o envelope, Dinho viu que era do Banco Beta e estava endereçado para Rebeca Pinho Teixeira e Oswaldo Pinho Teixeira.

Percebendo que devia ser alguma coisa da poupança, abriu o envelope e encontrou o seguinte:

Banco Beta, S.A.
Extrato de Conta
Cliente: Rebeca Pinho Teixeira e Oswaldo Pinho Teixeira
Agência: 1.003   Conta: 123.456-7   Tipo: Poupança

Data	Histórico	Débitos (-)	Créditos (+)	Saldo
30 abr. 20X1	Saldo anterior			$ 0,00
8 maio 20X1	Depósito		$ 500,00	(+) $ 500,00
8 jun. 20X1	Depósito		$ 100,00	(+) $ 600,00
9 jun. 20X1	Juros		$ 2,50	(+) $ 602,50
9 jun. 20X1	Saldo atual			(+) $ 602,50

— Oba! Então minha previsão estava certa. E esse papel, junto com o outro que recebi do banco, é prova disso. E guardou a folha cuidadosamente no cofre.

E, assim, o mês seguiu normalmente.

A única despesa diferente que o Dinho teve foi que, depois da última prova do semestre, a classe toda tinha combinado de se encontrar na sorveteria (apesar de inverno, os dias ainda estavam quentes) na esquina próxima à escola, para comemorar o início das férias. Dinho pediu um sorvete monumental e uma garrafinha de água mineral, gastando $ 18,00.

Antes do jantar do último dia do mês, resolveu montar seu Acompanhamento. Ficou assim:

ACOMPANHAMENTO (JUNHO DE 20X1)

Item	Quant.	Valor unitário	Entradas (+)	Saídas (-)	Saldo
Histórico					
COFRE					
Saldo inicial					$ 5,00
(+) Recebi do Robô este mês	1	$ 500,00	$ 500,00		$ 505,00
(-) Ônibus	20	$ 6,00		$ 120,00	$ 385,00
(-) Lanches	20	$ 10,00		$ 200,00	$ 185,00
(-) Sorvete	1	$ 18,00		$ 18,00	$ 167,00
(-) Depósito na poupança	1	$ 100,00		$ 100,00	$ 67,00
A — Saldo final — COFRE					$ 67,00
POUPANÇA					
Saldo inicial					$ 500,00
(+) Juros	1	$ 2,50	$ 2,50		$ 502,50

continua

Item	Quant.	Valor unitário	Entradas (+)	Saídas (-)	Saldo
(+) Depósito na poupança	1	$ 100,00	$ 100,00		$ 602,50
(-) Retiradas	0	$ 0,00		$ 0,00	$ 602,50
B — Saldo final — POUPANÇA					$ 602,50
Saldo final — TOTAL (A + B)					$ 669,50

— Ué? — pensou. — No Orçamento que fiz antes, tinha dado saldo final total de $ 687,50. Por que deu menos no Acompanhamento? Mas logo se deu conta de que a diferença entre o valor do Orçamento e o do Acompanhamento, que era de $ 18,00, era justamente o gasto com o festival de sorvete, que ele não tinha como prever quando fez o Orçamento.

7

Férias

NO DIA SEGUINTE, Dinho acordou à mesma hora de sempre e, depois de escovar os dentes, foi pegar no cofre uma nota de $ 20,00 e desceu, já com a mochila, para tomar café.

— Oi, mãe. Tudo bem?

— Tudo bem, Dinho, fora uns e outros distraídos que aparecem por aí.

— Como assim, mãe?

— Ué! Já é primeiro de julho, esqueceu? Você não tem aula hoje; tá de férias.

— Berlumpf! É mesmo. E a minha caminha tava tão boa!

Como já estava acordado mesmo (mas não muito), resolveu aproveitar para brincar com o Gus. Assim, depois do café, voltou para o quarto para devolver os $ 20,00 ao cofre e para pegar o casaco (estava meio frio) e, quando o vestiu, sentiu que tinha alguma coisa no bolso: era um maço de dinheiro, enrolado num papel e preso com um elástico. No papel, estava escrito "Aproveite!" e o maço era de 25 notas de $ 20,00.

— Xi! — pensou. — Acho que o Robô se esqueceu de que eu não tenho aulas este mês.

Antes de sair para o jardim, perguntou à mãe:

— Mãe, acho que o Robô se esqueceu de que, como não tenho aulas, não vou precisar daquele dinheiro do ônibus e dos lanches, mas ele deixou o mesmo valor de sempre.

— Não, filho. Ele não se esqueceu de nada. Quando ele me passou aquele rolinho, eu até perguntei. Mas ele disse que era isso mesmo; que, como você está aprendendo a cuidar muito bem do seu dinheiro, você merece.

— Mas vai sobrar um montão de dinheiro!

— Que bom, né? Mas como a gente vai passar alguns dias na casa de montanha dos seus avós, pode ser que você queira gastar um pouco por lá. Tem aqueles parques de que você gosta e ouvi dizer que, neste ano, até vai ter um circo na cidade.

— Legal. Mas, mesmo assim, vou poder poupar bastante.

Depois de correr e brincar bastante com o Gus, voltou para seu quarto, animado para montar o Orçamento do mês.

Assim que começou a pensar no assunto, percebeu que teria um problema básico: não sabia, de antemão, quanto levaria para as férias na montanha. E esse problema levava a outro: quanto sobraria para depositar na poupança.

Resolveu, então, montar um primeiro rascunho do orçamento, chutando que levaria $ 200,00 para a montanha e que depositaria $ 100,00 na poupança. Ficou assim:

RASCUNHO (JULHO DE 20X1)

Item	Histórico Quant.	Valor unitário	Entradas (+)	Saídas (-)	Saldo
COFRE					
Saldo inicial					$ 67,00
(+) Recebi do Robô este mês	1	$ 500,00	$ 500,00		$ 567,00
(-) Gastos na montanha	1	$ 200,00		$ 200,00	$ 367,00
(-) Depósito na poupança	1	$ 100,00		$ 100,00	$ 267,00
A — Saldo final — COFRE					$ 267,00
POUPANÇA					
Saldo inicial					$ 602,50
(+) Juros	1	$ 3,01	$ 3,01		$ 605,51

continua

Item	Quant.	Histórico Valor unitário	Entradas (+)	Saídas (-)	Saldo
(+) Depósito na poupança	1	$ 100,00	$ 100,00		$ 705,51
(-) Retiradas	0	$ 0,00		$ 0,00	$ 705,51
B — Saldo final — POUPANÇA					$ 705,51
Saldo final — TOTAL (A + B)					$ 972,51

Estudando esse rascunho, pensou:

— Não tem sentido ficar com essa "grana" toda parada no cofre. Como essa sobra é de mais que $ 200,00, eu podia aumentar a previsão de gastos na montanha em $ 50,00 e pensar em aumentar o depósito na poupança em $ 150,00...

E a versão definitiva (mas que poderia ser alterada, se fosse o caso), ficou assim:

ORÇAMENTO (JULHO DE 20X1)

Item	Quant.	Histórico Valor unitário	Entradas (+)	Saídas (-)	Saldo
COFRE					
Saldo inicial					$ 67,00
(+) Recebi do Robô este mês	1	$ 500,00	$ 500,00		$ 567,00

continua

Histórico					
Item	Quant.	Valor unitário	Entradas (+)	Saídas (-)	Saldo
(-) Gastos na montanha	1	$ 250,00		$ 250,00	$ 317,00
(-) Depósito na poupança	1	$ 250,00		$ 250,00	$ 67,00
A — Saldo final — COFRE					$ 67,00
POUPANÇA					
Saldo inicial					$ 602,50
(+) Juros	1	$ 3,01	$ 3,01		$ 605,51
(+) Depósito na poupança	1	$ 250,00	$ 250,00		$ 855,51
(-) Retiradas	0	$ 0,00		$ 0,00	$ 855,51
B — Saldo final — POUPANÇA					$ 855,51
Saldo final — TOTAL (A + B)					$ 922,51

— Ué? — estranhou à primeira vista. — As duas versões não deveriam dar o mesmo saldo final total?

Mas aí ele percebeu que — claro! —, se ele estava prevendo gastar $ 50,00 a mais na montanha, o saldo final tinha que diminuir nesse mesmo valor. O valor a mais na poupança não afetava o saldo final porque, afinal de contas, estava "saindo de um bolso para entrar no outro".

Na hora do almoço, Beca perguntou ao filho:

— Dinho, você vai fazer outro depósito na poupança este mês?

— Claro, mãe. Mesmo pensando em levar um dinheiro pra gastar na montanha, ainda vai sobrar um bocado. Não vou perder essa oportunidade.

— Tá. Então, quando sairmos pra viagem, amanhã, que é justamente o dia 8, a gente passa no banco e, em seguida, pegamos a estrada.

— Tudo bem, mãe.

À tarde, Beca recomendou ao filho:

— Dinho, é bom você separar as coisas que quer levar pra montanha. Se tudo correr bem, vamos viajar amanhã mesmo.

— Oba! Mas acho que não vou levar muita coisa; só aquele meu joguinho eletrônico, uns livros pra ler e outros pra estudar, meu binóculo, o cofre e acho que só. Só não sei escolher as roupas pra levar. Você me ajuda?

— Claro, filho. Aliás, já comecei a arrumar as roupas de todos nós.

Beca e Dinho passaram o resto do dia aprontando as malas e as outras coisas que queriam levar.

— Manhê, o Gus vai com a gente?

— E você já viu a gente sair por mais do que um dia sem levar o Gus? Ele é parte da família.

— Ah, bom! Eu não queria ir sem ele. Mas, então, tenho que me lembrar de pegar a guia.

— É bom levar a focinheira também. Eu sei que ele não precisa disso, mas é obrigatório.

E assim, na manhã seguinte, puseram as coisas todas no carro e partiram: Beca, Oswaldo (o pai do Dinho, às vezes chamado de "Dão" para distinguir do filho), Dinho e Gus.

Primeiro, passaram no banco, onde Dinho fez o depósito planejado de $ 250,00, recebendo o papelzinho já costumeiro.

Banco Beta, S.A.
Comprovante de Depósito
Cliente: Rebeca Pinho Teixeira e Oswaldo Pinho Teixeira
Agência: 1.003   Conta: 123.456-7   Tipo: Poupança
Valor recebido: $ 250,00
                              Data: 8 de julho de 20X1

Ao entrar no carro, Dinho passou o papelzinho para o pai, dizendo:

— Paiê, guarda o recibo pra mim?

— Claro, filho. — Enfiou o papel no bolso da camisa. — Chegando lá na montanha, eu ponho na minha pasta de documentos.

Depois de umas duas horas de viagem, passando por paisagens fantásticas, chegaram à casa da montanha. Era uma casinha de madeira, muito aconchegante (até com lareira), bem no alto de tudo e com uma vista deslumbrante de uma série de vales, lá embaixo. Dinho sempre achava estranho quando via uns pássaros grandões (o Robô dizia que eram gaviões) voando em nível mais baixo do que o da casa.

— A gente sempre vê os pássaros de baixo para cima, mas aqui é o contrário.

Assim que chegaram, depois de tirarem as coisas do carro, a vó Lia (mãe da Beca) foi declarando:

— O almoço sai daqui a uma hora. Enquanto isso, os meninos (quer dizer, Robô, Dão, Dinho e Gus) vão dar uma caminhada. Beca e eu temos muito que conversar.

Durante a caminhada, Dinho aproveitou para perguntar:

— Robô, me explica uma coisa. Sabe aquelas tabelas de Acompanhamento e de Orçamento que eu faço pra controlar meu dinheiro?

— Sei, Dinho. E daí?

— É que, nessas tabelas, desde aquela primeira que você me ajudou a montar, as "Entradas" ficam à esquerda e as "Saídas" ficam à direita, mas no papel que vem do banco, mostrando quanto eu tinha antes e quanto tenho agora, é o contrário: as "Entradas" ficam à direita e as "Saídas" ficam à esquerda. Aliás, o banco usa outros nomes; acho que são "Créditos" e "Débitos".

— Tá. E daí?

— Ué, eu queria saber por que as posições são invertidas.

— E você não perguntou pro seu pai? Ele entende disso até mais do que eu.

— Eu sei. Mas não foi ele que começou essa história do cofre.

Dão deu uma gargalhada gostosa, piscando para o sogro.

— Olha, Dinho, a explicação completa é meio complicada, vamos ter que deixar pra mais adiante. Mas, basicamente, o que acontece no relacionamento entre seu cofre e o banco é o seguinte: quando você tira dinheiro do cofre pra depositar no banco, você concorda que houve uma "Saída" do cofre e uma "Entrada" no banco?

— Claro!

— Então, quando você anota uma "Saída", em qual coluna fica?

— Na coluna mais da direita.

— Certo. E em qual coluna o banco anota a "Entrada" do dinheiro?

— Na que fica mais à direita. Epa! Então é isso; o que é "Saída" pra mim é "Entrada" pro banco!

— É, Dinho. Mais ou menos isso. Como eu disse antes, a explicação completa é mais complicada e cheia de coisas técnicas. Nem sei se eu conseguiria explicar tudo direito. Mas garanto que seu pai consegue. Só que acho melhor deixar pra mais tarde; geralmente, as pessoas só estudam isso na faculdade.

Na volta à casa, depois da caminhada, Robô, Dão e Dinho, cansados e com fome, se jogaram numas espreguiçadeiras, com bebidinhas geladas, e até o Gus deu sinais de estar cansado. Para alívio dos esfomeados, o almoço saiu em seguida...

A temporada na montanha correu de maneira deliciosa, com tempo aberto e ensolarado, mas frio, montes de pássaros cantando e tirando rasantes, com o céu cheio de milhões de estrelas à noite... Até apareceram uns esquilos correndo de uma árvore para outra (o Gus enlouqueceu!)

Quase todos os dias, Dinho ia à vila mais próxima, que ficava a apenas um quilômetro de distância, às vezes com o Gus, às vezes acompanhado de um ou mais dos adultos, e às vezes sozinho, mas sempre a pé.

Na vila, ele descobriu um parque que tinha um "minigolfe", comprou um gorro de lã (com tapa-orelhas), foi ver os animais do circo, tomou chocolate quente, visitou um "borboletário" (com um monte de borboletas vivas dentro de um viveiro), fez passeios a cavalo, e até se arriscou numa pista de Kart (aquele minicarrinho com motor e tudo).

Um dia, ele convidou todos os adultos para uma sessão no circo, e fez questão de pagar o ingresso e a pipoca de todos (menos o Gus, claro! Ele ficou na casinha).

E, chegando em casa, nunca se esquecia de anotar todas as despesas que pagava. A lista, depois de resumida, acabou ficando assim:

Histórico	Quant.	Valor unitário	Total
Minigolfe	3	$ 5,00	$ 15,00
Gorro	1	$ 20,00	$ 20,00
Bichos do circo	1	$ 5,00	$ 5,00
Chocolate quente	5	$ 5,00	$ 25,00
Borboletas	1	$ 15,00	$ 15,00
Cavalgadas	3	$ 10,00	$ 30,00
Kart	2	$ 10,00	$ 20,00
Circo	5	$ 15,00	$ 75,00
Pipoca (no circo)	5	$ 5,00	$ 25,00
Total			$ 230,00

— É — pensou Dinho. — Até gastei um pouco menos do que previ!

Na descida da serra, voltando para a cidade, pararam numa lanchonete à beira da estrada para fazer um lanche. Nessa parada, Dinho resolveu comprar uns doces para seus pais: Beca ganhou um pacotinho de frutas cristalizadas, com chocolate, e Dão recebeu um maço de cigarros de chocolate (ele chegou a comentar: — Esses, até dá pra "fumar"!). Essa despesa foi de $ 15,00, mas, no carro, não tinha como anotar.

De volta à cidade e depois de acomodar o Gus e ajudar os pais a tirar as coisas do carro, Dinho foi para seu quarto montar, com calma, seu Acompanhamento. Para facilitar, resolveu incluir, como "Gastos na montanha", o valor total da tabelinha que tinha feito.

ACOMPANHAMENTO (JULHO DE 20X1)

Item	Quant.	Valor unitário	Entradas (+)	Saídas (-)	Saldo
COFRE					
Saldo inicial					$ 67,00
(+) Recebi do Robô este mês	1	$ 500,00	$ 500,00		$ 567,00
(-) Gastos na montanha	1	$ 230,00		$ 230,00	$ 337,00
(-) Depósito na poupança	1	$ 250,00		$ 250,00	$ 87,00
A — Saldo final — COFRE					**$ 87,00**
POUPANÇA					
Saldo inicial					$ 602,50
(+) Juros	1	$ 3,01	$ 3,01		$ 605,51
(+) Depósito na poupança	1	$ 250,00	$ 250,00		$ 855,51
(-) Retiradas	0	$ 0,00		$ 0,00	$ 855,51
B — Saldo final — POUPANÇA					**$ 855,51**
Saldo final — TOTAL (A + B)					**$ 942,51**

Em seguida, tirou o dinheiro que ainda estava no cofre e juntou com o que tinha no bolso. O que tinha no cofre, depois de contado, era $ 67,00, e o que tinha no bolso dava $ 5,00. Os dois somados davam $ 72,00.

— Epa, tá faltando dinheiro! Se levei $ 250,00 e gastei $ 230,00, deveria ter voltado com $ 20,00, mas só tenho $ 5,00.

Revistou todos os bolsos da roupa que tinha levado para a montanha, mas não encontrou nada.

— Será possível que perdi $ 15,00?

Mas, ao falar (mentalmente) o número 15, lembrou-se dos presentinhos que tinha comprado para seus pais, na descida da serra: o valor era exatamente $ 15,00.

— Ufa! Então, está certo e não perdi nada.

Apagou o valor que tinha colocado no item "Gastos na montanha", que passou de $ 230,00 para $ 245,00, e refez a tabela:

ACOMPANHAMENTO (JULHO DE 20X1)

Item	Histórico				
	Quant.	Valor unitário	Entradas (+)	Saídas (-)	Saldo
COFRE					
Saldo inicial					$ 67,00
(+) Recebi do Robô este mês	1	$ 500,00	$ 500,00		$ 567,00
(-) Gastos na montanha	1	$ 245,00		$ 245,00	$ 322,00

continua

Histórico					
Item	Quant.	Valor unitário	Entradas (+)	Saídas (-)	Saldo
(-) Depósito na poupança	1	$ 250,00		$ 250,00	$ 72,00
A — Saldo final — COFRE					$ 72,00
POUPANÇA					
Saldo inicial					$ 602,50
(+) Juros*	1	$ 3,01	$ 3,01		$ 605,51
(+) Depósito na poupança	1	$ 250,00	$ 250,00		$ 855,51
(-) Retiradas	0	$ 0,00		$ 0,00	$ 855,51
B — Saldo final — POUPANÇA					$ 855,51
Saldo final — TOTAL (A + B)					$ 927,51

* Lembrete: Confirmar os juros da poupança.

— É isso mesmo. Mas tá bom! Aproveitei bem o dinheiro e, no fim, fiquei com $ 5,00 a mais do que estava no meu Orçamento inicial para este mês.

Segundo semestre

DINHO ESTAVA PASSEANDO com o Gus, perto da casa da montanha e, de longe, ouviu sua mãe chamando:

— Dinho, Dinho!

Quando quis voltar para casa, puxando a guia do Gus, o cachorro segurou a guia entre os dentes e começou a chacoalhar a cabeça (e, por tabela, a mão do Dinho), resistindo ao puxão.

— Dinho!

— Já vou, mãe, mas o Gus não quer.

Sentiu um puxão mais forte na mão e um cafuné (isso não pode ser o Gus!).

— DINHO!

— Hãããã?

— Dinho! Acorda, filho. Você vai se atrasar pra escola!

— Hããã? Uopa! Já vou, mãe. — E levantou correndo.

Rapidamente, escovou os dentes e vestiu-se. Depois de pegar uma nota de $ 20,00 no cofre, apanhou a mochila (por sorte, ele havia arrumado o material na noite anterior) e desceu correndo para o café.

— Desculpe, mãe. Perdi a hora.

— Normal, Dinho. Depois das férias você perdeu o hábito.

No prato, embaixo de um pãozinho, tinha um cartão com a frase "OLHA A HORA!".

Virou a cabeça para ver o relógio da cozinha, mas tinha alguma coisa na prateleira, bem na frente do relógio, que impedia a visão.

— Será que ainda estou dormindo?

Mas, não. Tinha realmente um cilindro branco, em pé, que encobria o mostrador do relógio.

Foi até lá para afastar a coisa. Parecia um rolo de papel. E aí viu: na parte de trás do tal rolo, estava escrito "BOAS AULAS — FELIZ 2º SEMESTRE".

— Manhê...Mais uma do Robô! Guarda pra mim?

— Claro, filho. Ah, e antes que me esqueça, quando chegamos da montanha, tinha uma carta do banco pra você. Tá na mesa da sala.

— Tá bom, mãe. Obrigado. Depois eu vejo. Beijinho.

— Beijinho, querido. Boas aulas.

Na escola, claro, todo mundo estava cheio de novidades para contar das férias. Mas, no intervalo, enquanto saboreavam seus lanches, a opinião foi unânime: As férias mais legais foram as da professora de geografia, que tinha visitado, com o marido e a filha, um "Museu Espacial" ligado a uma antiga estação de lançamento de foguetes. Ela mostrou, no computador da sala de aulas (ligado a um projetor que jogava imagens, bem grandes, numa tela), como se vê a terra a partir de uma nave espacial (a expressão "A terra é azul", daquele cosmonauta pioneiro russo, se confirmou). Mostrou, inclusive, a nossa escola, vista de cima, onde se via nitidamente ("aproximando" a imagem) o pátio do recreio com um monte de gente (alguns dos colegas foram até a janela e agitaram os braços, esperando ver suas imagens na projeção — claro que não deu!).

No ônibus, voltando para casa, Dinho não parava de pensar nos seus Orçamentos e Acompanhamentos. — Será que dá pra montar um Orçamento pra daqui até o fim do ano?

Chegando em casa, foi abraçar a mãe, dizendo:

— Mãe, é difícil ser cosmonauta?

— Filho, é difícil pra burro! Mas, como você não é burro, pode dar certo. Só que você vai ter que estudar muito, vai ter que virar piloto de avião e mais um monte de coisas. Começando agora, quem sabe daqui a uns 20 anos você consegue ir pro espaço.

— Credo, mãe! Tudo isso? Mas, tá bom, tô começando agora!

— É isso aí, Dinho! Escolha uma meta e vá atrás!

Depois do almoço, voltando a questões mais "terráqueas", foi se debruçar no conteúdo do cofre, com uma preocupação maior:

— Como é que vou montar um Orçamento pros próximos meses, até dezembro?

Mas, antes de atacar esse problema, lembrou que teria que atualizar o Acompanhamento de julho, incluindo os juros da poupança.

Abrindo a carta do banco (aquela que a Beca tinha mencionado de manhã cedo), encontrou o seguinte:

Banco Beta, S.A.
Extrato de Conta
Cliente: Rebeca Pinho Teixeira e Oswaldo Pinho Teixeira
Agência: 1.003   Conta: 123.456-7   Tipo: Poupança

Data	Histórico	Débitos (-)	Créditos (+)	Saldo
30 jun. 20X1	Saldo anterior			$ 602,50
8 jul. 20X1	Depósito		$ 250,00	$ 852,50
9 jul. 20X1	Juros (Sld. ant.)		$ 3,01	$ 855,51
9 jul. 20X1	Saldo atual			$ 855,51

— Legal! Deu exatamente como eu tinha previsto.

Sobre o Orçamento para os meses seguintes, pensou assim:

— Bom, eu sei que minhas Entradas, do Robô, são sempre de $ 500,00 por mês e que minhas Saídas normais são de $ 16,00 por dia de escola. Aí, preciso ajustar as Saídas para o período de um mês, mas isso é fácil; basta contar o número de dias de aula em cada mês e multiplicar o valor diário pelo número de dias. Mais tarde, eu penso nas Saídas não normais.

Depois, continuou o raciocínio:

— Pra poupança, eu sempre procuro depositar o que vai sobrar a cada mês. E sei que esses depósitos contam para os juros do mês seguinte. Então, pra cada mês, posso fazer a parte do "cofre" primeiro, pra ver quanto vai sobrar e, depois, faço a parte da "poupança", incluindo os juros, que eu sei que são de 0,5% por mês sobre o saldo final do mês anterior. É, acho que vai dar.

A primeira providência que tomou foi contar com cuidado, no calendário, quantos dias de aula haveria em cada mês. Deu o seguinte:

Meses	Agosto	Setembro	Outubro	Novembro	Dezembro
Dias de aula:	23	20	18	19	7

— É... Agosto não tem nenhum feriado, mas, em compensação, setembro, outubro e novembro têm. E dezembro é mês de provas finais, no começo. Depois... férias!

Continuando a pensar nas suas "Entradas e Saídas", teve um estalo:

— Eu não preciso fazer um orçamento cheio de detalhes; eu já sei *exatamente* quanto vai entrar a cada mês, e sei "por alto" quanto vai sair. E o que sobrar eu ponho na poupança.

Já que o mês de agosto era o que tinha maior número de dias de aula, percebeu que, fora Saídas não normais, esse seria o mês com a menor "sobra"; ele poderia usar o valor dessa "sobra" como um limite máximo de quanto aplicar na poupança a cada mês.

Fez a seguinte conta:

Entradas — Robô	1		$ 500,00
Saídas — Ônibus	23	(-) 23 × $ 6,00 =	$ 138,00
Saídas — Lanches	23	(-)23 × $ 10,00 =	$ 230,00
Sobras	1		$ 132,00

— Tá bom. Então esse é o valor máximo que eu poderia depositar no mês mais apertado, mas como os outros meses têm menos dias de escola, posso pensar em poupar um pouco mais. E como eu já tenho uma sobra, no cofre, de $ 72,00, como aparece no meu Acompanhamento do mês passado, posso aproveitar essa folga pra aumentar o valor mensal de poupança pra, digamos, $ 150,00.

— Dinho! Com quem você tá falando?

— Com ninguém, mãe. Eu tô aqui na frente do meu cofre, fazendo as contas das minhas finanças.

— Ah, bom. Então tá. Mas o cofre não diz nada?

— Não, mãe. Ele tá de boca cheia!

Lembrando de não falar alto, Dinho pensou:

— Certo! Então, se eu fizer um Acompanhamento cuidadoso no fim de cada mês, incluindo os ajustes necessários para o mês seguinte, posso ir tocando sem precisar de um Orçamento. Facilita!

E assim foi.

ACOMPANHAMENTO (AGOSTO DE 20x1)

Item	Histórico				
	Quant.	Valor unitário	Entradas (+)	Saídas (−)	Saldo
COFRE					
Saldo inicial					$ 72,00
(+) Recebi do robô	1	$ 500,00	$ 500,00		$ 572,00
(−) Ônibus	23	$ 6,00		$ 138,00	$ 434,00
(−) Lanches	23	$ 10,00		$ 230,00	$ 204,00
(−) Depósitos na poupança	1	$ 150,00		$ 150,00	$ 54,00
A — Saldo final — COFRE					$ 54,00
POUPANÇA					
Saldo inicial					$ 855,51
(+) Juros	1	$ 4,28	$ 4,28		$ 859,79

continua

Item	Quant.	Valor unitário	Histórico Entradas (+)	Saídas (-)	Saldo
(+) Depósito na poupança	1	$ 150,00	$ 150,00		$ 1.009,79
(-) Retiradas	0	$ —		$ —	$ 1.009,79
B — Saldo final — POUPANÇA					$ 1.009,79
Saldo final — TOTAL (A + B)					$ 1.063,79

— Oba! Parece que tá dando certo. Só preciso me lembrar de conferir o cálculo dos juros da poupança, quando chegar a carta do banco.

Em seguida, ficou até meio surpreso quando notou que o saldo final na poupança havia passado dos $ 1.000,00.

— *Yessss!*

Durante o mês, Dinho e seus colegas haviam combinado de fazer mais um jogo de bola no mês seguinte. Ele pensou sobre o ajuste necessário, mas acabou percebendo que, como as Saídas de ônibus e lanches seriam menores (porque havia menos dias de escola) e como ele tinha certa folga no cofre, não precisaria alterar o valor para a poupança, desde que tomasse cuidado com Saídas não normais.

De resto, tudo havia corrido bem. A turma do A-B--C-D continuava a se reunir regularmente para estudar e se divertir com jogos e brincadeiras, ou simplesmente em conversas.

ACOMPANHAMENTO (SETEMBRO DE 20X1)

Item	Quant.	Valor unitário	Entradas (+)	Saídas (-)	Saldo
Histórico					
COFRE					
Saldo inicial					$ 54,00
(+) Recebi do Robô	1	$ 500,00	$ 500,00		$ 554,00
(-) Ônibus	20	$ 6,00		$ 120,00	$ 434,00
(-) Lanches	20	$ 10,00		$ 200,00	$ 234,00
(-) Jogo — minha parte	1	$ 40,00		$ 40,00	$ 194,00
(-) Depósitos na poupança	1	$ 150,00		$ 150,00	$ 44,00
A — Saldo final — COFRE					$ 44,00
POUPANÇA					
Saldo inicial					$ 1.009,79
(+) Juros	1	$ 5,05	$ 5,05		$ 1.014,84
(+) Depósito na poupança	1	$ 150,00	$ 150,00		$ 1.164,84
(-) Retiradas	0	$ —		$ —	$ 1.164,84
B — Saldo final — POUPANÇA					$ 1.164,84
Saldo final — TOTAL (A + B)					$ 1.208,84

Comparando essa tabela com a do mês anterior, Dinho observou que a "folga" — o saldo final no cofre — havia encolhido.

— É... preciso tomar cuidado! — pensou. — Principalmente porque tem mais um jogo pela frente. Mas, também, como o mês que vem tem poucos dias de escola, talvez eu possa até me arriscar a aumentar o depósito na poupança pra $ 200,00. Acho que dá!

ACOMPANHAMENTO (OUTUBRO DE 20X1)

Item	Histórico				
	Quant.	Valor unitário	Entradas (+)	Saídas (-)	Saldo
COFRE					
Saldo inicial					$ 44,00
(+) Recebi do Robô	1	$ 500,00	$ 500,00		$ 544,00
(-) Ônibus	18	$ 6,00		$ 108,00	$ 436,00
(-) Lanches	18	$ 10,00		$ 180,00	$ 256,00
(-) Jogo — minha parte	1	$ 40,00		$ 40,00	$ 216,00
(-) Depósitos na poupança	1	$ 200,00		$ 200,00	$ 16,00
A — Saldo final — COFRE					$ 16,00
POUPANÇA					
Saldo inicial					$ 1.164,84
(+) Juros	1	$ 5,82	$ 5,82		$ 1.170,66

continua

Item	Quant.	Valor unitário	Entradas (+)	Saídas (-)	Saldo
(+) Depósito na poupança	1	$ 200,00	$ 200,00		$ 1.370,66
(-) Retiradas	0	$ —		$ —	$ 1.370,66
B — Saldo final — POUPANÇA					$ 1.370,66
Saldo final — TOTAL (A + B)					$ 1.386,66

Quando terminou de montar a tabela, Dinho se assustou:

— Xiii! Deu, mas por muito pouco! Minha folga no cofre acabou ficando *muito* pequena. Mas o mês que vem, além de ter poucos dias de escola, não tem jogo. Essas duas coisas aliviam.

Depois de matutar mais um pouco, achou que poderia se arriscar a repetir o depósito de $ 200,00 na poupança.

ACOMPANHAMENTO (NOVEMBRO DE 20X1)

Item	Quant.	Valor unitário	Entradas (+)	Saídas (-)	Saldo
COFRE					
Saldo inicial					$ 16,00
(+) Recebi do Robô	1	$ 500,00	$ 500,00		$ 516,00

continua

Histórico					
Item	Quant.	Valor unitário	Entradas (+)	Saídas (-)	Saldo
(-) Ônibus	18	$ 6,00		$ 108,00	$ 408,00
(-) Lanches	18	$ 10,00		$ 180,00	$ 228,00
(-) Depósitos na poupança	1	$ 200,00		$ 200,00	$ 28,00
A — Saldo final — COFRE					$ 28,00
POUPANÇA					
Saldo inicial					$ 1.370,66
(+) Juros	1	$ 6,85	$ 6,85		$ 1.377,52
(+) Depósito na poupança	1	$ 200,00	$ 200,00		$ 1.577,52
(-) Retiradas	0	$ —		$ —	$ 1.577,52
B — Saldo final — POUPANÇA					$ 1.577,52
Saldo final — TOTAL (A + B)					$ 1.605,52

— Ufa! A folga no cofre voltou a crescer. E, pô, eu já passei dos $ 1.500,00 na poupança!

Um dia, já chegando perto do fim do mês, a diretora da escola mandou avisar que queria conversar com a classe no fim da última aula. Foi aquele falatório:

— O que será que ela quer falar com a gente? Será que vem bronca por causa daquela vidraça quebrada?

Quando a diretora entrou na sala, alguém (mas ninguém viu quem) foi logo falando:

— Não fui eu, professora!

— Não, gente — disse a diretora, rindo. — Não é bronca. Só quero lhes trazer um lembrete: até agora, preferimos que vocês não usassem computadores nos trabalhos pra escola, pra se acostumarem a fazer as coisas à mão. Mas, como tenho certeza que vocês sabem, a partir do ano que vem vocês vão poder usar à vontade. E até vão ter uma matéria especial pra aprenderem a usar o computador: informática.

Dinho ficou entusiasmado com a novidade. Ele sabia que os cosmonautas tinham que saber usar computadores.

Durante o jantar, naquele mesmo dia, contou a novidade para os pais:

— Pois é, tô até pensando em desistir de comprar a bicicleta pra poder comprar um computador. O que vocês acham?

O primeiro a responder foi o Dão:

— Filhão, um computador é muito útil pra um montão de coisas, e pode até ser divertido. Bicicleta pode ser útil também, mas geralmente é mais diversão do que qualquer outra coisa. Mas é uma diversão sadia; é um meio de fazer exercícios ao ar livre, e isso sempre é bom.

— Tá, pai. Mas, se eu comprar um computador, você me ensina a usar?

— Ué, claro. Mas sua mãe também sabe usar, e muito bem.

— É, eu sei. Mas a mamãe não usa aquela coisa que faz tabelas e cálculos. Não me lembro como chamam aquilo, é alguma coisa que parece plantinhas, não é?

Em meio às risadas, Beca esclareceu:

— Planilhas, Dinho. São planilhas eletrônicas. "Planilha" quer dizer "tabela". E tudo bem, eu sei usar, mas seu pai é "bamba" nisso.

A partir desse momento, Dinho passou a prestar muita atenção em anúncios de computadores. Ele se encantou com os modelos portáteis, chamados de *laptops*.

No início de dezembro, numa pausa dos estudos para as provas, Dinho voltou a pensar nas suas finanças:

— Já que este ano tenho meu próprio dinheiro, posso dar presentes de Natal pra família: mamãe, papai, vó Lia, Robô. Mas como é que vou fazer para dar algum presente pros meus outros avós? Eles moram tão longe! Ah, sim, e não posso me esquecer do Gus.

Com lápis e papel, rascunhou algumas continhas simples:

— Terminei novembro com $ 28,00 no cofre. Dias atrás, o Robô me deu mais $ 500,00. Então, tenho um total de... $ 528,00 no cofre. Mas, disso, tenho que tirar o dinheiro do ônibus e dos lanches; isso é sete dias a $ 6,00 e sete dias a $ 10,00, o que dá $ 42,00 mais $ 70,00, totalizando $ 112,00. Então sobram $ 416,00.

E continuou:

— Se eu gastar, digamos, $ 250,00 com presentes de Natal, sobram $ 166,00. Se desistir da bicicleta e gastar $ 900,00 naquele computador que vi, aí vai faltar $ 744,00. Mas posso pegar $ 800,00 da poupança. É... acho que é isso aí.

Em seguida, foi conversar com a Beca:

— Manhê, este mês, em vez de depositar, vou querer tirar $ 800,00 da minha poupança. Como é que faz?

— É simples, filho. A gente vai ao banco e tira o dinheiro que você quer e passa pra minha conta. Daí, eu vou pagando as suas despesas até o limite do que você passar pra mim. Mas pra quê tanto dinheiro?

— Bom, eu quero comprar um computador e quero fazer mais umas coisinhas.

— Tá bom. Mas então a gente vai no dia 9, pra você não perder os juros.

— Legal. E até lá eu terminei minhas provas.

Lembrando que o pai do seu amigo André tinha uma loja de chocolates e biscoitos finos, no dia seguinte conversou com o amigo:

— André, eu gostaria de mandar uma lata chique de biscoitos pros meus avós, que moram numa cidade em outro canto do país. Você acha que dá pra ajeitar isso na loja do seu pai?

— Dá, sim, Dinho. É só ir à loja do meu pai e escolher o que você quer dar pros seus avós. Aí você dá o endereço para entrega, paga o valor do presente, mais o valor da entrega, e pronto. Acho que em dois dias entregam lá, embrulhado pra presente e acompanhado de um cartão de Natal com seu nome, pra saberem quem mandou.

E assim fez. No dia seguinte, Dinho passou na loja do pai do André, escolheu uma lata de biscoitos muito bonita e um cartão de Natal. O presente mais a entrega custaram $ 45,00.

Voltando para casa (a loja de chocolates ficava pertinho), passou na frente de uma loja que tinha um monte de coisas bonitas, mas uma das coisas que ele viu na vitrine era um par de chinelos bordados com flores. Entrou na loja e perguntou:

— Quanto custam aqueles chinelos da vitrine?

— Custam $ 30,00. É pra sua mãe?

— Não. É pra minha avó. Vou levar. Mas será que cabem?

— Não tem perigo de não caber, a menos que sua avó seja gigante. Você quer pacote pra presente?

— Por favor. E não, minha avó não é muito grande.

Depois de pagar, Dinho seguiu seu caminho para casa. Ao chegar, deu um jeito de ir para o quarto sem sua mãe ver o pacote e anotou num papel:

Presente	Pra quem	Valor
Lata de biscoitos	Vovó e vovô Teixeira	$ 45,00
Chinelos	Vó Lia	$ 35,00

Depois da última prova do semestre (e do ano!), todos da classe combinaram de se encontrar na sorveteria, como tinham feito em junho. O sorvete que Dinho pediu era monumental! E custou $ 23,00.

Aliviado por ter encerrado a série de provas, ao chegar em casa, e depois de almoçar, resolveu começar a rascunhar o Acompanhamento do mês, que tinha ficado meio abandonado. Sem se preocupar muito com a forma — depois eu cuido disso —, escreveu:

Item	Quantidade	Valor unit.	Total	Saldo
Eu tinha				$ 28,00
Robô me deu	1	$ 500,00	(+)$ 500,00	$ 528,00
Ônibus	7	$ 6,00	(-) $ 42,00	$ 486,00
Lanches	7	$ 10,00	(-)$ 70,00	$ 416,00
Presentes	1	$ 80,00	(-)$ 80,00	$ 336,00
Sorvetão	1	$ 23,00	(-)$ 23,00	$ 313,00

Em seguida, contou todo o dinheiro que tinha no cofre. Deu exatamente $ 313,00. — *Yesss*!

No dia seguinte, procurou a Beca:

— Mãe, hoje já é dia 10; podemos ir ao banco pra pegar aquele dinheiro da minha poupança?

— Estranho, Dinho. Eu tava pensando nisso agora mesmo. De qualquer forma, eu tenho que passar no banco. Vamos, sim. Pode ser logo depois do almoço?

— Ótimo, mãe. Combinado!

— Mas, Dinho. Conta pra mim: você vai mesmo desistir da bicicleta pra comprar um computador?

— Olha, mãe, eu queria mesmo poder comprar o computador e também a bicicleta. Mas o dinheiro não dá. Aí pensei que o computador vai ser cada vez mais importante pra mim, daqui pra frente. Vou sentir falta da bicicleta, claro. Mas não dá pra fazer as duas coisas ao mesmo tempo. E acho que, se eu continuar a fazer depósitos na poupança, daqui a um tempinho o dinheiro dá pra comprar a bicicleta, né?

— Tá certo, filhão. Mas não é uma decisão fácil.

— Por falar em decisão, mãe, aquela de dar minha bicicleta atual pro menino do vizinho continua valendo. Vou ficar feliz de saber que, no Natal, alguém vai se alegrar com a bicicletinha.

— Querido, como eu disse tempos atrás, acho muito legal você pensar assim. Mas, olhe, se você der a bicicleta pro vizinho, será que ele não vai ficar meio encabulado? Se você quiser, eu telefono pra minha antiga escola, que recolhe coisas desse tipo pra distribuir entre crianças que precisam. Assim, no Natal, alguma criança vai se alegrar com a bicicleta, mas não vai saber quem é que deu e, portanto, não tem como se sentir encabulada.

— Mãe, nunca entendi direito por que o papai às vezes diz que você é uma preciosidade de pessoa. Acho que, agora, estou começando a entender. Mas claro, como mãe, você sempre foi a rainha máxima!

No dia seguinte, Dinho foi com a mãe até o banco, onde fez uma retirada de $ 800,00, transferindo o dinheiro para a conta da Beca e, logo depois, foram ao shopping perto de casa.

A primeira coisa que fizeram foi passar pelas lojas de computadores e, depois de algumas pesquisas, Dinho comprou o *laptop* que queria. Beca pagou $ 800,00 com o cartão do banco e Dinho deu os outros $ 100,00 para completar o preço.

Em seguida, depois de deixar o computador escondido no carro, voltaram às lojas, indo o Dinho para um lado e a Beca para outro, combinando encontro na praça de alimentação às quatro horas.

Logo no início de seu passeio pelos corredores do shopping, Dinho viu, na vitrine de uma papelaria, um conjunto de caneta e lapiseira muito bonito com preço de $ 40,00. Não teve dúvida, comprou para o Robô.

Na loja ao lado, uma relojoaria, comprou um reloginho de mesa, eletrônico, por $ 45,00:

— Acho que o papai vai gostar.

Depois, começou a procurar alguma coisa legal para a Beca.

— Aquela blusa é bonita, mas não sei o tamanho que a mamãe usa.

Já um pouco cansado de andar, sentou-se num banco do corredor para pensar com mais calma. Nisso, reparou que, em frente ao banco em que estava sentado, tinha uma lojinha que anunciava: "Sua Foto num

Chaveiro de Aço". Foi lá conferir. Eram chaveiros de diversos modelos, todos bonitos, que tinham, cada um, uma chapinha de aço em que se podia gravar uma foto. O mostruário apresentava algumas fotos gravadas em que se via, muito nitidamente, as pessoas das fotos. Escolheu um modelo que custava $ 65,00.

O rapaz da loja tirou várias fotos do Dinho para poder escolher a mais bonita e, uns 10 minutos mais tarde, lá estava o Dinho gravado no chaveiro.

Faltando pouco para as quatro horas, começou a ir em direção à praça de alimentação, mas, no caminho, entrou numa loja de coisas para animais de estimação onde comprou um osso enorme (daqueles especiais para cachorros), por $ 20,00.

Quando voltaram para casa, Dinho se apressou para completar sua listinha de presentes, que ficou assim:

Presente	Pra quem	Valor
Lata de biscoitos	Vovó e vovô Teixeira	$ 45,00
Chinelos	Vó Lia	$ 35,00
Caneta e lapiseira	Robô	$ 40,00
Relógio de mesa	Papai	$ 45,00
Chaveiro	Mamãe	$ 65,00
Ossão	Gus	$ 20,00
Total		$ 250,00

Alguns dias mais tarde, chegou carta do banco para o Dinho. Era o seguinte:

Banco Beta, S.A.
Extrato de Conta
Cliente: Rebeca Pinho Teixeira e Oswaldo Pinho Teixeira
Agência: 1.003   Conta: 123.456-7   Tipo: Poupança

Data	Histórico	Débitos (-)	Créditos (+)	Saldo
30 nov. 20X1	Saldo anterior			$ 1.577,52
9 dez. 20X1	Juros (Sld. ant.)		$ 7,89	$ 1.585,40
10 dez. 20X1	Retirada	$ 800,00		$ 785,40
10 dez. 20X1	Saldo atual			$ 785,40

Ao ver o saldo depois dos juros, Dinho estranhou:
— Ué, $ 1.577,52 mais $ 7,89 deveria ser $ 1.585,41; por que será que está faltando $ 0,01?
No jantar daquele dia, explicou o problema para o pai:
— É quase nada, pai, mas fiquei curioso. Você sabe explicar?
— É fácil, filhão. Quando a gente faz contas com porcentagens, às vezes resultam números que têm pedacinhos menores do que um centavo. Aí, o que se faz é o seguinte: se o pedacinho depois dos centavos é maior ou igual a 5, considera-se um valor dos centavos

aumentado em 1; se o tal pedacinho é menor do que 5, considera-se o valor dos centavos sem esse aumento. Por exemplo: $ 7,89**5** ou mais viraria $ 7,90; $ 7,89**4** ou menos ficaria como $ 7,89 mesmo.

— Tá. Então o banco não está me roubando?

— Ôôô, filho. Você acha que o Robô ia trabalhar com ladrões?

— Não, pai. Claro que não! Mas alguém não tá perdendo alguma coisinha?

— Bom, olhando assim, caso a caso, sim. Mas às vezes é você que perde um pedacinho de um centavo; às vezes é o banco. Umas pelas outras, fica tudo legal.

— Ué, pai. Mas é assim que funciona? Na base do "mais ou menos"?

— Filhão, é assim mesmo. Claro que, quando você for um cosmonauta, não vai poder ficar assim, mas, na vida terráquea, é assim que funciona. Afinal, nesse tipo de situação, a gente não tem como representar um valor menor do que um centavo.

Sentindo-se cada vez mais confiante, Dinho resolveu, finalmente, montar seu Acompanhamento de dezembro, mesmo antes do mês terminar (para os poucos dias que restavam, ele não tinha qualquer previsão de Entradas ou Saídas). Ficou assim:

ACOMPANHAMENTO (DEZEMBRO DE 20X1)

Item	Quant.	Valor unitário	Entradas (+)	Saídas (-)	Saldo
COFRE					
Saldo inicial					$ 28,00
(+) Recebi do Robô	1	$ 500,00	$ 500,00		$ 528,00
(-) Ônibus	7	$ 6,00		$ 42,00	$ 486,00
(-) Lanches	7	$ 10,00		$ 70,00	$ 416,00
(-) Sorvetão	1	$ 23,00		$ 23,00	$ 393,00
(+) Tirei da poupança	1	$ 800,00	$ 800,00		$ 1.193,00
(-) Presentes	1	$ 250,00		$ 250,00	$ 943,00
(-) Computador	1	$ 900,00		$ 900,00	$ 43,00
A — Saldo final — COFRE					$ 43,00
POUPANÇA					
Saldo inicial					$ 1.577,52
(+) Juros	1	$ 7,89	$ 7,89		$ 1.585,40
(+) Depósito na poupança	0	$ —	$ —		$ 1.585,40
(-) Retiradas	1	$ 800,00		$ 800,00	$ 785,40
B — Saldo final — POUPANÇA					$ 785,40
Saldo final — TOTAL (A + B)					$ 828,40

Faltando poucos dias para o Natal, Beca estava muito atarefada com os preparativos da ceia, que, como de costume, seria na casa dela. Dinho procurava ajudar no que fosse possível, mas não havia muito que ele pudesse fazer.

Finalmente, chegou o grande dia. A mesa da sala de jantar estava carregada de gostosuras preparadas pela Beca e pela vó Lia. Na sala de estar, uma grande árvore de Natal, toda decorada e, a seu pé, um monte de presentes, incluindo os que o Dinho tinha comprado para seus familiares (mas excluindo a lata de biscoitos que ele havia mandado para a vó e o vô Teixeira, lá longe). Só que, entre os presentes, ele não viu nada para ele — só havia um envelope.

Na hora de abrir os presentes, Dinho abriu o envelope, encontrando um lindo cartão de Natal. No cartão estava escrito: "Você se lembra de onde encontrou seu cofre, no aniversário?".

Pensou um pouco sobre a "Caça ao Tesouro" do seu aniversário e lembrou-se que tinha encontrado o cofre em cima do carro, na garagem. Foi correndo para lá e, assim que entrou, deu de cara com a sonhada bicicleta. Tinha um enorme laço vermelho preso ao guidom e, junto, um cartão de Natal igual ao que tinha acabado de receber, com uma mensagem: "Seis pessoas, sendo três Pinho e quatro Teixeira, se juntaram para lhe desejar muitas felicidades".

Ficou alguns minutos admirando a bicicleta (completíssima), lamentando-se de que não poderia sair num passeio de inauguração porque já era tarde da noite. Em seguida, voltou para a sala, levando o cartão.

Contou maravilhas da bicicleta que tinha ganhado e depois perguntou:

— Paiê, aqui diz que são seis pessoas, mas depois diz que são três mais quatro. Como é que pode?

— Pensa, Dinho.

— Bom, fora eu, conheço quatro Teixeira: vó e vô Teixeira, papai e mamãe. Mas só conheço dois Pinho: vó Lia e Robô. Aí são seis. E a sétima pessoa?

— Pensa mais, Dinho!

De repente, deu estalo:

— Claro! Mamãe é Teixeira, mas também é Pinho; ela conta nos dois times.

E aí foi um abração gigante (com o Dinho no meio) encerrando uma linda noite de Natal.

Impressão e Acabamento:
GRÁFICA E EDITORA CRUZADO.